Suhrkamp BasisBibliothek 10

Diese Ausgabe der »Suhrkamp BasisBibliothek – Arbeitstexte für Schule und Studium« bietet Friedrich Schillers Stück *Kabale und Liebe* zusammen mit einem Kommentar, der alle für das Verständnis dieses Werks erforderlichen Informationen enthält: eine Zeittafel, die Entstehungsgeschichte, einen kommentierten Forschungsüberblick, Literaturhinweise sowie Wort- und Sacherläuterungen. Der Kommentar ist den neuen Rechtschreibregeln entsprechend verfasst. Zu diesem Buch sind auch eine CD-ROM und ein Hörbuch der Firma terzio erhältlich.

Wilhelm Große, geboren 1948, Dr. phil., ist Lehrbeauftragter für Neuere deutsche Literatur an der Universität Trier. Arbeitsschwerpunkte: Poetik, Lyrik und Drama des 18. Jahrhunderts. Publikationen u. a. zu Lessing, Klopstock, Schiller und Goethe (SBB5).

Friedrich Schiller
Kabale und Liebe

Ein bürgerliches Trauerspiel

Mit einem Kommentar
von Wilhelm Große

Suhrkamp

Der vorliegende Text folgt der Ausgabe:
Friedrich Schiller, Werke und Briefe in zwölf Bänden.
Herausgegeben von Klaus Harro Hilzinger, Rolf-Peter Janz, Gerhard Kluge, Herbert Kraft, Georg Kurscheidt und Norbert Oellers.
Band 2: Dramen I.
Herausgegeben von Gerhard Kluge, S. 561–677.
Frankfurt am Main: Deutscher Klassiker Verlag 1988.

Originalausgabe
Suhrkamp BasisBibliothek 10
Erste Auflage 1999

Satz: Pagina GmbH, Tübingen
Druck: Ebner Ulm
Umschlaggestaltung: Hermann Michels
Printed in Germany

1 2 3 4 5 6 – 04 03 02 01 00 99

Inhalt

⌜Kabale und Liebe⌝

⌜*ein bürgerliches Trauerspiel*⌝

Sr. Exzellenz
dem
Hochwohlgebornen Herrn
W. HERIBERT,
Kämmerern von Worms
FREIHERRN VON DALBERG,
Sr. Kurfürstlichen Durchlaucht zu Pfalz
Kämmerern
und
wirklichen Geheimraten,

HOFKAMMER-VIZEPRÄSIDENTEN
und
OBERVORSTEHER
der deutschen gelehrten Gesellschaft
in Mannheim

untertänig gewidmet
von
dem Verfasser

Personen

⌜PRÄSIDENT VON WALTER⌝, *am Hof eines deutschen Fürsten.*

FERDINAND, *sein Sohn, Major.*

⌜HOFMARSCHALL VON KALB⌝.

LADY MILFORD, ⌜*Favoritin*⌝ *des Fürsten.*

Privatsekretär ⌜WURM⌝, *Haussekretair* des Präsidenten.*

MILLER, ⌜*Stadtmusikant, oder wie man sie an einigen Orten nennt, Kunstpfeifer*⌝.

DESSEN FRAU.

LOUISE, *dessen Tochter.*

SOPHIE, ⌜*Kammerjungfer*⌝ *der Lady.*

Ein ⌜*Kammerdiener*⌝ *des Fürsten.*

Verschiedene Nebenpersonen.

Erster Akt

Erste Szene

Zimmer beim Musikus.*

Miller steht eben vom Sessel auf, und stellt seine Violonzell auf die Seite. An einem Tisch sitzt Frau Millerin noch im Nachtgewand, und trinkt ihren Kaffee.*

MILLER *schnell auf und abgehend:* Einmal für allemal. Der Handel* wird ernsthaft. Meine Tochter kommt mit dem Baron ins Geschrei*. Mein Haus wird verrufen. Der Präsident bekommt Wind, und – kurz und gut, ich biete dem ⌜Junker⌝ aus*.

FRAU Du hast ihn nicht in dein Haus geschwatzt – hast ihm deine Tochter nicht nachgeworfen.

MILLER Hab ihn nicht in mein Haus geschwatzt – hab ihm's Mädel nicht nachgeworfen; wer nimmt Notiz davon? – Ich war Herr im Haus. Ich hätt meine Tochter mehr koram nehmen sollen*. Ich hätt dem Major besser auftrumpfen* sollen – oder hätt gleich alles Seiner Exzellenz dem Herrn Papa stecken sollen. Der junge Baron ⌜bringts mit einem Wischer hinaus⌝, das muß ich wissen, und alles Wetter* kommt über den Geiger.

FRAU *schlürft eine Tasse aus:* Possen*! Geschwätz! Was kann über dich kommen? Wer kann dir was anhaben? Du gehst deiner Profession* nach, und raffst ⌜Scholaren⌝ zusammen, wo sie zu kriegen sind.

MILLER Aber, sag mir doch, was wird bei dem ganzen ⌜Kommerz⌝ auch herauskommen? – Nehmen* kann er das Mädel nicht – Vom Nehmen ist gar die Rede nicht, und ⌜zu einer⌝ daß Gott erbarm? Guten Morgen! – Gelt, wenn so ein Musje von*, sich da und dort, und dort und hier ⌜schon herumbeholfen hat⌝, wenn er, der Henker weiß was als*? ⌜gelös't⌝ hat, schmeckts meinem ⌜guten

- Musiker
- kleine Bassgeige
- Angelegenheit
- in Verruf
- verbiete ihm mein Haus
- jemanden öffentlich zur Rede stellen
- grob die Meinung sagen
- Unglück, Unwetter
- hier: Unsinn
- Beruf
- hier: heiraten
- ein Monsieur von
- alles

Schlucker⌝ freilich, einmal auf ⌜süß Wasser⌝ zu graben. Gib du acht! gib du acht! und wenn du ⌜aus jedem Astloch⌝ ein Auge strecktest, und ⌜vor jedem Blutstropfen⌝ Schildwache ständest, er wird sie, dir auf der Nase*, beschwatzen, dem Mädel eins hinsetzen*, und führt sich ab*, und das Mädel ist verschimpfiert* auf ihr Lebenlang, bleibt sitzen, oder ⌜hat's Handwerk verschmeckt⌝, treibts fort. *die Faust vor die Stirn* Jesus Christus!

FRAU Gott behüt uns in Gnaden!

MILLER Es hat sich zu behüten. Worauf kann so ein Windfuß* wohl sonst sein Absehen* richten? – Das Mädel ist schön – schlank – führt seinen netten Fuß*. Unter'm Dach mags aussehen, wie's will. Darüber kuckt man bei euch Weibsleuten weg, wenn's nur der liebe Gott ⌜par Terre⌝ nicht hat fehlen lassen – ⌜Stöbert mein Springinsfeld* erst noch dieses Kapitel aus⌝ – heh da! geht ihm ein Licht auf, wie meinem ⌜Rodney⌝, wenn er die Witterung eines Franzosen kriegt, und nun müssen alle Segel dran, und drauf los, und – ich verdenks ihm gar nicht. Mensch ist Mensch. Das muß ich wissen.

FRAU Solltest nur die wunderhübsche Billeter* auch lesen, die der gnädige Herr an deine Tochter als* schreiben tut. Guter Gott! Da sieht man's ja sonnenklar, wie es ihm pur* um ihre schöne Seele zu tun ist.

MILLER Das ist die rechte Höhe. Auf den Sack schlagt man; den Esel meint man. Wer einen Gruß an das liebe Fleisch zu bestellen hat, darf nur das gute Herz Boten gehen* lassen. Wie hab ich's gemacht? Hat man's nur erst so weit im Reinen, daß die Gemüter topp machen*, wutsch! nehmen die Körper ein Exempel; das Gesind* machts der Herrschaft nach und der ⌜silberne Mond⌝ ist am End nur der Kuppler gewesen.

FRAU Sieh doch nur erst die prächtigen Bücher an, die der Herr Major ins Haus geschafft haben. Deine Tochter betet auch immer draus.

unmittelbar vor den Augen
sie schwängern
macht sich davon
entehrt
windiger Bursche
Absicht
hat einen schönen Gang
leichtsinniger Kerl
(Liebes-)Briefchen
hier: immer
ausschließlich
einen Auftrag überbringen
einverstanden sind
die Dienerschaft

MILLER *pfeift:* Hui da! Betet! Du hast den Witz davon.* ⌜Die rohe Kraftbrühen der Natur sind Ihro Gnaden zartem Makronenmagen⌝ noch zu hart. – Er muß sie erst in der höllischen Pestilenzküche* der ⌜Bellatristen künstlich aufkochen lassen⌝. Ins Feuer mit dem Quark. Da saugt mir das Mädel – weiß Gott was als* für? – überhimmlische Alfanzereien* ein, das läuft dann wie ⌜spanische Mucken⌝ ins Blut und wirft mir die Handvoll Christentum noch gar auseinander, die der Vater mit knapper Not so so* noch zusammenhielt. Ins Feuer sag ich. Das Mädel setzt sich alles Teufels Gezeug in den Kopf; über all dem Herumschwänzen* in der Schlaraffenwelt findet's zuletzt seine Heimat nicht mehr, vergißt, schämt sich, daß sein Vater Miller der Geiger ist, und verschlägt mir* am End einen wackern ehrbaren Schwiegersohn, der sich so warm in meine Kundschaft hineingesetzt hätte – – Nein! Gott verdamm mich *er springt auf, hitzig* Gleich muß die Pastete auf den Herd*, und dem Major – ja ja dem Major will ich weisen, wo Meister Zimmermann das Loch* gemacht hat. *er will fort.*

Du hast es kapiert.
Pestküche
alles
Albernheiten
einigermaßen
stolz einhergehen
vertreibt mir
muß die Sache erledigt werden
die Tür

FRAU Sei artig Miller. Wie manchen schönen Groschen haben uns nur die Präsenter* – –

Geschenke

MILLER *kommt zurück und bleibt vor ihr stehen:* ⌜Das Blutgeld meiner Tochter?⌝ – Schier dich zum Satan infame* Kupplerin! – Eh will ich mit meiner Geig' auf den Bettel* herumziehen, und das Konzert um was Warmes* geben – eh will ich mein Violonzello zerschlagen, und ⌜Mist im Sonanzboden führen⌝, eh ich mirs schmecken laß von dem Geld, das mein einziges Kind mit Seel und Seeligkeit abverdient. – Stell den ⌜vermaledeiten Kaffe ein, und das Tobakschnupfen⌝, so brauchst du deiner Tochter Gesicht nicht zu Markt zu treiben. Ich hab mich satt gefressen, und immer ein gutes Hemd auf dem Leib gehabt, eh so ein vertrackter Tausend Sa Sa* in meine Stube geschmeckt hat*.

ehrlose
als Bettler
für ein warmes Essen
verfluchter Verführer
hier: eingedrungen ist

FRAU Nur nicht gleich mit der Tür ins Haus. Wie du doch den Augenblick* in Feuer und Flammen stehst! Ich sprech ja nur, man müß den Herrn Major nicht ⌜disguschtüren⌝, ⌜weil Sie des Präsidenten Sohn sind⌝.

sofort

MILLER Da liegt der Has im Pfeffer. Darum, just eben darum, muß die Sach noch heut auseinander*. Der Präsident muß es mir Dank wissen, wenn er ein rechtschaffener Vater ist. Du wirst mir meinen roten plüschenen Rock* ausbürsten, und ich werde mich bei Seiner Exzellenz anmelden lassen. Ich werde sprechen zu Seiner Exzellenz. Dero Herr Sohn haben ein Aug auf meine Tochter; meine Tochter ist zu schlecht zu Dero Herrn Sohnes Frau, aber zu Dero Herrn Sohnes Hure ist meine Tochter zu kostbar, und damit basta! – Ich heiße Miller.

muss das Verhältnis beendet werden

aus Wollsamt gefertigter Gehrock

Zweite Szene

Sekretair Wurm. Die Vorigen.

FRAU Ah guten Morgen, Herr Sekertare*. Hat man auch einmal wieder das Vergnügen von Ihnen?

Verballhornung von ›Sekretär‹

WURM Meinerseits, Meinerseits, ⌜Frau Base⌝. ⌜Wo eine Kavaliersgnade einspricht, kommt mein bürgerliches Vergnügen in gar keine Rechnung⌝.

FRAU Was Sie nicht sagen, Herr Sekertare! Des Herrn Majors von Walter hohe Gnaden machen uns wohl je und je* das Bläsier*, doch verachten wir darum niemand.

zuweilen

Vergnügen

MILLER *verdrüßlich*:* Dem Herrn einen Sessel, Frau. Wollen's ablegen, Herr Landsmann?

ärgerlich

WURM *legt Hut und Stock weg, setzt sich:* Nun! Nun! Und wie befindet sich denn meine Zukünftige – oder Gewesene? – Ich will doch nicht hoffen – kriegt man sie nicht zu sehen. – ⌜Mamsell⌝ Louisen?

FRAU Danken der Nachfrage Herr Sekertare. Aber meine Tochter ist doch gar nicht hochmütig.

MILLER *ärgerlich, stößt sie mit dem Elnbogen:* Weib!

FRAU Bedauern's nur, daß sie die Ehre nicht haben kann vom Herrn Sekertare. Sie ist eben in die Meß*, meine Tochter.

Gottesdienst

WURM Das freut mich, freut mich. Ich werd einmal eine fromme christliche Frau an ihr haben.

FRAU *lächelt dumm-vornehm:* Ja – aber Herr Sekertare –

MILLER *in sichtbarer Verlegenheit kneipt sie in die Ohren:* Weib!

FRAU Wenn Ihnen unser Haus sonst irgendwo dienen kann – Mit allem Vergnügen Herr Sekertare –

WURM *macht falsche Augen*:* Sonst irgendwo! Schönen Dank! Schönen Dank – Hem! hem! hem!

Freundlichkeit heuchelnd

FRAU Aber – wie der Herr Sekertare selber die Einsicht werden haben –

MILLER *voll Zorn seine Frau vor den Hintern stoßend:* Weib!

FRAU Gut ist gut, und besser ist besser, und einem einzigen Kind mag man doch auch nicht vor seinem Glück sein. *bäurischstolz* Sie werden mich je doch wohl merken* Herr Sekertare?

verstehen

WURM *rückt unruhig im Sessel, kratzt hinter den Ohren und zupft an Manschetten und ⌜Chapeau⌝:* Merken? Nicht doch – O ja – Wie meinen Sie denn?

FRAU Nu – Nu – ich dächte nur – ich meine *hustet* Weil eben halt der liebe Gott meine Tochter barrdu* zur gnädigen Madam will haben –

Verballhornung von ›partout‹: unbedingt, durchaus

WURM *fährt vom Stuhl:* Was sagen Sie da? Was?

MILLER Bleiben sitzen! Bleiben sitzen Herr Sekretarius. Das Weib ist eine alberne Gans. Wo soll eine gnädige Madam herkommen? Was für ein Esel streckt sein Langohr aus diesem Geschwätze?

FRAU Schmäl du* so lang du willst. Was ich weiß*, weiß ich – und was der Herr Major gesagt hat, das hat er gesagt.

tadle du

hier: spüre

MILLER *aufgebracht, springt nach der Geige:* Willst du

dein Maul halten? Willst das Violonzello am Hirnkasten wissen? – Was kannst du wissen? Was kann er gesagt haben? – Kehren Sich an das Geklatsch* nicht Herr ⌜Vetter⌝ – Marsch du in deine Küche – Werden mich doch nicht für des Dummkopfs leiblichen Schwager halten, daß ich obenaus* woll mit dem Mädel? Werden doch das nicht von mir denken Herr Sekretarius?

WURM Auch hab ich es nicht um Sie verdient Herr Musikmeister. Sie haben mich jederzeit den Mann von Wort sehen lassen, und meine Ansprüche auf Ihre Tochter waren so gut, als unterschrieben. Ich habe ein Amt das seinen guten ⌜Haushälter⌝ nähren kann, der Präsident ist mir gewogen, an Empfehlungen kanns nicht fehlen, wenn ich mich höher poussieren* will. Sie sehen, daß meine Absichten auf Mamsell Louisen ernsthaft sind, wenn Sie vielleicht von einem adelichen Windbeutel* herumgeholt – –

FRAU Herr Sekertare Wurm! Mehr Respekt, wenn man bitten darf –

MILLER Halt du dein Maul sag ich – Lassen Sie es gut sein, Herr Vetter. Es bleibt beim alten. Was ich Ihnen verwichenen* Herbst zum Bescheid gab, bring ich heut wieder. ⌜Ich zwinge meine Tochter nicht.⌝ Stehen Sie ihr an* – wohl und gut, so mag sie zusehen, wie sie glücklich mit Ihnen wird. Schüttelt sie den Kopf – noch besser – – in Gottes Namen wollt ich sagen – so stecken Sie den Korb ein, und trinken eine Bouteille* mit dem Vater – Das Mädel muß mit Ihnen leben – ich nicht – warum soll ich ihr einen Mann, den sie nicht schmecken kann, aus purem klarem Eigensinn an den Hals werfen? – Daß mich der böse Feind* in meinen eisgrauen Tagen* noch wie sein Wildpret* herumhetze – daß ichs in jedem Glas Wein zu saufen – in jeder Suppe zu fressen kriege: Du bist der Spitzbube der sein Kind ruiniert hat!

FRAU Und kurz und gut – ich geb meinen ⌜Konsenz⌝ ab-

Geschwätz

hoch hinaus, nämlich: in eine höhere soziale Schicht

hier: aufsteigen

Taugenichts

vergangenen

Gefallen Sie ihr

Flasche Wein

Teufel, schlechtes Gewissen

in meinem hohen Alter

hier: lebendes Wild

solut nicht; meine Tochter ist zu was hohem gemünzt*, und ich lauf in die Gerichte, wenn mein Mann sich beschwatzen läßt.

bestimmt

MILLER Willst du Arm und Bein entzwei haben, Wettermaul*?

Lästermaul

WURM *zu Millern:* Ein väterlicher Rat vermag bei der Tochter viel, und hoffentlich werden Sie mich kennen, Herr Miller?

MILLER Daß dich alle Hagel! 's Mädel muß Sie kennen. Was ich alter Knasterbart* an Ihnen abkucke, ist just kein Fressen fürs junge naschhafte Mädel. Ich will Ihnen aufs Haar hin sagen, ob Sie ein Mann fürs Orchester sind – aber eine Weiberseel ist auch für einen Kapellmeister zu spitzig*. – Und dann von der Brust weg*, Herr Vetter – ich bin halt ein plumper gerader teutscher Kerl – für meinen Rat würden Sie sich zu letzt wenig bedanken. Ich rate meiner Tochter zu keinem – aber Sie mißrat' ich* meiner Tochter, Herr Sekretarius. Lassen mich ausreden. Einem Liebhaber, der den Vater zu Hilfe ruft, trau ich – erlauben Sie, – keine hohle Haselnuß zu. Ist er was, so wird er sich schämen, seine Talente durch diesen altmodischen Kanal* vor seine Liebste zu bringen – Hat er 's Kourage* nicht, so ist er ein Hasenfuß, und für den sind keine Louisen gewachsen – – Da! hinter dem Rükken des Vaters muß er sein Gewerb an* die Tochter bestellen. Machen muß er, daß das Mädel lieber Vater und Mutter zum Teufel wünscht, als ihn fahren läßt – oder selber kommt, dem Vater zu Füßen sich wirft, und sich um Gottes willen den schwarzen gelben Tod*, oder den Herzeinzigen ausbittet, – Das nenn ich einen Kerl! Das heißt lieben! – und wer's bei dem Weibsvolk nicht so weit bringt, der soll – – auf seinem Gänsekiel* reiten.

brummiger alter Kerl

spitzfindig

gerade heraus, offen

von Ihnen rate ich ab

hier: Weg

Mut

werbendes Bemühen um

Pest

Schreibgerät des Sekretärs

WURM *greift nach Hut und Stock, und zum Zimmer hinaus:* Obligation*, Herr Miller.

hier ironisch: Danke

MILLER *geht ihm langsam nach:* Für was? Für was? Haben

Sie ja doch nichts genossen, Herr Sekretarius. *zurückkommend* Nichts hört er und hin zieht er – – ist mirs doch wie Gift und Operment*, wenn ich den Federnfuchser* zu Gesichte krieg. Ein konfiszierter* widriger Kerl, als hätt ihn irgend ein Schleichhändler* in die Welt meines Herrgotts hineingeschachert – Die kleinen tükkischen Mausaugen – die Haare brandrot – das Kinn herausgequollen, gerade als wenn die Natur für purem Gift* über das verhunzte Stück Arbeit meinen Schlingel da angefaßt, und in irgend eine Ecke geworfen hätte – Nein! Eh ich meine Tochter an so einen Schuft wegwerfe, lieber soll sie mir – Gott verzeih mirs –

FRAU *spuckt aus, giftig:* Der Hund! – Aber man wird dir's Maul sauber halten*.

MILLER Du aber auch mit deinem pestilenzialischen* Junker – Hast mich vorhin auch so in Harnisch* gebracht – Bist doch nie dummer, als wenn du um Gotteswillen gescheit sein solltest. Was hat das Geträtsch* von einer gnädigen Madam und deiner Tochter da vorstellen sollen? Das ist mir der Alte*. Dem muß man so was an die Nase heften, wenns morgen am Marktbrunnen ausgeschellt* sein soll. Das ist just so ein Musje, wie sie in der Leute Häusern herum riechen, über Keller und Koch räsonnieren*, und springt einem ein nasenweises* Wort über's Maul – Bumbs! habens Fürst und Matreß* und Präsident, und du hast das siedende Donnerwetter am Halse.

starkes Gift
Beamter
hier: verdächtiger
Schmuggler
aus lauter Zorn
man wird dir den Bissen (Louise) nicht geben
verdammten
Wut
Geschwätz
der Richtige, der Rechte
kundgegeben
nörgeln
vorlautes
die Geliebte eines Fürsten

Dritte Szene

Louise Millerin kommt, ein Buch in der Hand. Vorige.

LOUISE *legt das Buch nieder, geht zu Millern und drückt ihm die Hand:* Guten Morgen lieber Vater.

MILLER *warm:* Brav meine Louise – Freut mich, daß du so

fleißig an deinen Schöpfer denkst. Bleib immer so, und sein Arm wird dich halten.

LOUISE O ich bin eine schwere Sünderin, Vater – War er da Mutter?

FRAU Wer mein Kind?

LOUISE Ah! ich vergaß, daß es noch außer ihm Menschen gibt – Mein Kopf ist so wüste* – Er war nicht da? Walter?

verwirrt

MILLER *traurig und ernsthaft:* Ich dachte, meine Louise hätte den Namen in der Kirche gelassen?

LOUISE *nachdem sie ihn eine Zeitlang starr angesehen:* Ich versteh Ihn Vater – fühle das Messer, das er in mein Gewissen stößt; aber es kommt zu spät. – Ich hab keine Andacht mehr Vater – der Himmel und Ferdinand reißen an meiner blutenden Seele, und ich fürchte – ich fürchte – *nach einer Pause* Doch nein, guter Vater. ⌜Wenn wir ihn über dem Gemälde vernachlässigen, findet sich ja der Künstler am feinsten gelobt⌝. – Wenn meine Freude über sein Meisterstück mich ihn selbst übersehen macht, Vater, muß das Gott nicht ergötzen*?

erfreuen

MILLER *wirft sich unmutig in den Stuhl:* Da haben wirs! Das ist die Frucht von dem gottlosen Lesen.

LOUISE *tritt unruhig an ein Fenster:* Wo er wohl jetzt ist? – Die vornehmen Fräulein, die ihn sehen – ihn hören – ich bin ein schlechtes* vergessenes Mädchen *erschrickt an dem Wort, und stürzt ihrem Vater zu* Doch nein! nein! verzeih er mir. Ich beweine mein Schicksal nicht. Ich will ja nur wenig – an ihn denken – das kostet ja nichts. Dies Bißchen Leben – dürft ich es hinhauchen in ein leises schmeichelndes Lüftchen, sein Gesicht abzukühlen! – Dies Blümchen Jugend – wär es ein Veilchen, und Er träte drauf, und es dürfte bescheiden unter ihm sterben! – Damit genügte mir* Vater. Wenn die Mücke in ihren Strahlen sich sonnt – kann sie das strafen, die stolze majestätische Sonne?

hier: schlichtes, rechtschaffenes

Das würde mir genügen.

MILLER *beugt sich gerührt an die Lehne des Stuhls, und bedeckt das Gesicht:* Höre Louise – Das Bissel Bodensatz meiner Jahre, ich gäb es hin, hättest du den Major nie gesehen.

LOUISE *erschrocken:* Was sagt er da? Was? – Nein! er meint es anders der gute Vater. Er wird nicht wissen, daß Ferdinand mein ist, mir geschaffen, mir zur Freude vom Vater der Liebenden* *sie steht nachdenkend* Als ich ihn das erstemal sah – *rascher* und mir das Blut in die Wangen stieg, froher jagten alle Pulse, jede Wallung* sprach, jeder Atem lispelte*: Er ists, und mein Herz den Immermangelnden erkannte, bekräftigte, Er ists, und wie das widerklang durch die ganze mitfreuende Welt. Damals – o damals ging in meiner Seele der erste Morgen auf. Tausend junge Gefühle schossen aus meinem Herzen, wie die Blumen aus dem Erdreich, wenns Frühling wird. Ich sah keine Welt mehr, und doch besinn ich mich, daß sie niemals so schön war. Ich wußte von keinem Gott mehr, und doch hatt' ich ihn nie so geliebt.

Vater der Liebenden: Gott
Wallung: Regung
lispelte: flüsterte

MILLER *eilt auf sie zu, drückt sie wider seine Brust:* Louise – teures – herrliches Kind – Nimm meinen alten mürben Kopf – nimm alles – alles! – den Major – Gott ist mein Zeuge – ich kann dir ihn nimmer geben. *er geht ab*

LOUISE Auch will ich ihn ja jetzt nicht mein Vater. Dieser karge Tautropfe Zeit* – schon ein Traum von Ferdinand trinkt ihn wollüstig auf. Ich entsag ihm für dieses Leben. Dann, Mutter – dann, wenn die Schranken des Unterschieds einstürzen – wenn von uns abspringen all die verhaßte Hülsen* des Standes – Menschen nur Menschen sind – Ich bringe nichts mit mir, als meine Unschuld, aber der Vater hat ja so oft gesagt, daß der Schmuck und die prächtigen Titel wohlfeil* werden wenn Gott kommt, und die Herzen im Preise steigen. Ich werde dann reich sein. Dort rechnet man Tränen für Triumphe, und schöne Gedanken für Ahnen an. Ich wer-

Tautropfe Zeit: Dieses kurze Leben
Hülsen: Hüllen; Formen und Zwänge
wohlfeil: einen geringen Preis haben

de dann vornehm sein Mutter – Was hätte er dann noch für* seinem Mädchen voraus?

hier: vor

FRAU *fährt in die Höhe:* Louise! Der Major! Er springt* über die Planke*. Wo verberg ich mich doch?

rennt

Hauptstraße in Mannheim

LOUISE *fängt an zu zittern:* Bleib sie doch Mutter.

FRAU Mein Gott! Wie seh ich aus. Ich muß mich ja schämen. Ich darf mich nicht vor Seiner Gnaden so sehen lassen. *ab*

Vierte Szene

Ferdinand von Walter. Louise.

Er fliegt auf sie zu – sie sinkt entfärbt und matt auf einen Sessel – er bleibt vor ihr stehn – sie sehen sich eine Zeitlang stillschweigend an. Pause

FERDINAND Du bist blaß Louise?

LOUISE *steht auf und fällt ihm um den Hals:* Es ist nichts. Nichts. Du bist ja da. Es ist vorüber.

FERDINAND *ihre Hand nehmend und zum Munde führend:* Und liebt mich meine Louise noch? Mein Herz ist das gestrige, ists auch das Deine noch? Ich fliege nur her, will sehn ob du heiter bist, und gehn und es auch sein – Du bists nicht.

LOUISE Doch, doch, mein Geliebter.

FERDINAND Rede mir Wahrheit. Du bists nicht. Ich schaue durch deine Seele, wie durch das klare Wasser dieses Brillanten, *er zeigt auf seinen Ring* Hier wirft sich kein Bläschen auf, das ich nicht merkte – kein Gedanke tritt in dies Angesicht, der mir entwischte. Was hast du? Geschwind! Weiß ich nur diesen Spiegel helle, so läuft keine Wolke über die Welt. Was bekümmert dich?

LOUISE *sieht ihn eine Weile stumm und bedeutend an, dann mit Wehmut:* Ferdinand! Ferdinand! Daß du doch wüßtest, wie schön in dieser Sprache das bürgerliche Mädchen sich ausnimmt* –

wirkt

FERDINAND Was ist das? *befremdet* Mädchen! Höre! Wie kommst du auf das? – Du bist meine Louise. Wer sagt dir, daß du noch etwas sein solltest. Siehst du Falsche, auf welchem Kaltsinn ich dir begegnen muß*. Wärest du ganz nur Liebe für mich, wann hättest du Zeit gehabt eine Vergleichung zu machen. Wenn ich bei dir bin, zerschmilzt meine Vernunft in einen Blick – in einen Traum von dir, wenn ich weg bin, und Du hast noch eine Klugheit* neben deiner Liebe? – Schäme dich! Jeder Augenblick, den du an diesen Kummer verlorst, war deinem Jüngling gestohlen.

in welch gleichgültiger Gesinnung ich dich antreffen muss

eine klügelnde Überlegung

LOUISE *faßt seine Hand indem sie den Kopf schüttelt:* Du willst mich einschläfern Ferdinand – willst meine Augen von diesem Abgrund hinweglocken, in den ich ganz gewiß stürzen muß. Ich seh in die Zukunft – die Stimme des Ruhms – deine Entwürfe* – dein Vater – mein Nichts *erschrickt, und läßt plötzlich seine Hand fahren* Ferdinand! ein Dolch über dir und mir! – Man trennt uns!

Zukunftspläne

FERDINAND Trennt uns! *er springt auf* Woher bringst du diese Ahndung* Louise? Trennt uns? – Wer kann den Bund zwoer Herzen lösen, oder die Töne eines Accords auseinander reißen? – Ich bin ein Edelmann – Laß doch sehen, ob mein ⌜Adelbrief⌝ älter ist, als der Riß* zum unendlichen Weltall? oder mein Wappen gültiger als die Handschrift des Himmels in Louisens Augen: Dieses Weib ist für diesen Mann? – Ich bin des Präsidenten Sohn. Eben darum. Wer, als die Liebe, kann mir die Flüche versüßen, die mir der Landeswucher* meines Vaters vermachen wird?

Ahnung

Gottes Schöpfungsplan

die Ausbeutung des Landes durch Steuern und andere Abgaben

LOUISE O wie sehr fürcht ich ihn – Diesen Vater!

FERDINAND Ich fürchte nichts – nichts – als die Grenzen deiner Liebe. Laß auch Hindernisse wie Gebürge zwischen uns treten, ich will sie für* Treppen nehmen und drüber hin in Louisens Arme fliegen. Die Stürme des widrigen Schicksals sollen meine Empfindung empor-

hier: als

blasen*, Gefahren werden meine Louise nur reizender machen. – Also nichts mehr von Furcht meine Liebe. Ich selbst – ich will über dir wachen wie der Zauberdrach über unterirdischem Golde – Mir vertraue dich. Du brauchst keinen Engel mehr – Ich will mich zwischen dich und das Schicksal werfen – empfangen für dich jede Wunde – auffassen* für dich jeden Tropfen aus dem Becher der Freude – dir ihn bringen in der Schale der Liebe. *sie zärtlich umfassend* An diesem Arm soll meine Louise durchs Leben hüpfen, schöner als er dich von sich ließ soll der Himmel dich wieder haben, und mit Verwunderung eingestehn, daß nur die Liebe die letzte Hand an die Seelen legte –

anfachen

auffangen

LOUISE *drückt ihn von sich, in großer Bewegung:* Nichts mehr! Ich bitte dich, schweig! – Wüßtest du – Laß mich – du weißt nicht, daß deine Hoffnungen mein Herz, wie Furien*, anfallen. *will fort*

Rachegöttinnen

FERDINAND *hält sie auf:* Louise? Wie! Was! Welche Anwandlung?

LOUISE Ich hatte diese Träume vergessen und war glücklich – Jetzt! Jetzt! Von heut an – der Friede meines Leben ist aus – Wilde Wünsche – ich weiß es – werden in meinem Busen rasen. – Geh – Gott vergebe dirs! Du hast den Feuerbrand in mein junges friedsames Herz geworfen, und er wird nimmer nimmer gelöscht werden. *sie stürzt hinaus. Er folgt ihr sprachlos nach*

Fünfte Szene

Saal beim Präsidenten.
Der Präsident, ein Ordenskreuz um den Hals, einen Stern an der Seite, und Sekretair Wurm treten auf.

PRÄSIDENT Ein ernsthaftes Attachement*! Mein Sohn? – Nein Wurm, das macht er mich nimmermehr glauben.

Liebesverhältnis

WURM Ihro Exzellenz haben die Gnade mir den Beweis zu befehlen.

Bürgergesindel | Schmeicheleien

PRÄSIDENT Daß er der Bürgerkanaille* den Hof macht – Flatterien* sagt – auch meinetwegen Empfindungen vorplaudert – Das sind lauter Sachen, die ich möglich finde – verzeihlich finde – aber – und noch gar die Tochter eines Musikus sagt er?

WURM Musikmeister Millers Tochter.

PRÄSIDENT Hübsch? – Zwar das versteht sich.

sich sehen lassen könnte | ergänze: gut

WURM *lebhaft:* Das schönste Exemplar einer Blondine, die, nicht zu viel gesagt, neben den ersten Schönheiten des Hofes noch Figur machen würde*.

PRÄSIDENT *lacht:* Er sagt mir Wurm – er habe ein Aug auf das Ding – das find ich*. Aber sieht er mein lieber Wurm – daß mein Sohn Gefühl für das Frauenzimmer hat, macht mir Hoffnung, daß ihn die Damen nicht hassen werden. Er kann bei Hof etwas durchsetzen. Das Mädchen ist schön, sagt er, das gefällt mir an meinem Sohn, daß er Geschmack hat. Spiegelt er der Närrin solide Absichten vor? Noch besser – so seh ich, daß er Witz* genug hat, in seinen Beutel zu lügen*. Er kann Präsident werden. Setzt er es noch dazu durch? Herrlich! das zeigt mir an, daß er Glück hat. – Schließt sich die Farce* mit einem gesunden Enkel – Unvergleichlich! so trink ich auf ⌜die guten Aspekten⌝ meines Stammbaums eine Bouteille Malaga* mehr, und bezahle die ⌜Skortationsstrafe⌝ für seine Dirne.

Verstand | sich Vorteile zu verschaffen | Posse | span. Likörwein

WURM Alles was ich wünsche, Ihr' Exzellenz, ist, daß Sie nicht nötig haben möchten diese Bouteille zu Ihrer Zerstreuung zu trinken.

PRÄSIDENT *ernsthaft:* Wurm, besinn Er sich, daß ich, wenn ich einmal glaube, hartnäckig glaube, rase, wenn ich zürne – Ich will einen Spaß daraus machen, daß er mich aufhetzen wollte. Daß er sich seinen Nebenbuhler gern vom Hals geschafft hätte, glaub ich Ihm herzlich gern.

Da er meinen Sohn bei dem Mädchen auszustechen Mühe haben möchte, soll ihm der Vater zur Fliegenklatsche dienen, das find ich wieder begreiflich – und daß er einen so herrlichen Ansatz zum Schelmen* hat, entzückt mich sogar – Nur mein lieber Wurm, muß er mich nicht mit prellen* wollen. – Nur versteht er mich, muß er den Pfiff* nicht bis zum Einbruch in meine Grundsätze treiben.

WURM Ihro Exzellenz verzeihen. Wenn auch wirklich – wie Sie argwohnen – die Eifersucht hier im Spiel sein sollte, so wäre sie es wenigstens nur mit den Augen und nicht mit der Zunge.

PRÄSIDENT Und ich dächte, sie bliebe ganz weg. Dummer Teufel, was verschlägt es denn ihm*, ob er die ⌜Karolin⌝ frisch aus der Münze*, oder vom Banquier bekommt. Tröst er sich mit dem hiesigen Adel; – Wissentlich oder nicht – bei uns wird selten eine Mariage* geschlossen, wo nicht wenigstens ein halb Dutzend der Gäste – oder der Aufwärter* – das Paradies des Bräutigams geometrisch ermessen* kann.

WURM *verbeugt sich:* Ich mache hier gern den Bürgersmann, gnädiger Herr.

PRÄSIDENT Überdies kann er mit nächstem die Freude haben, seinem Nebenbuhler den Spott auf die schönste Art heimzugeben. Eben jetzt liegt der Anschlag* im Kabinet, daß, auf die* Ankunft der neuen Herzogin, Lady Milford zum Schein den Abschied erhalten, und, den Betrug vollkommen zu machen, eine Verbindung eingehen soll. Er weiß Wurm, wie sehr sich mein Ansehen auf den Einfluß der Lady stützt – wie überhaupt meine mächtigsten Springfedern* in die Wallungen des Fürsten hineinspielen. Der Herzog sucht eine Partie* für die Milford. Ein anderer kann sich melden – den Kauf schließen, mit der Dame das Vertrauen des Fürsten anreißen*, sich ihm unentbehrlich machen – damit nun der Fürst im Netz mei-

raffinierter Betrüger

hereinlegen

Pfiffigkeit, Streich

kümmert es Ihn

Geldprägestätte

Ehe

Diener

ausmessen, d. h. den Körper der Braut genau kennen

hier: Plan

bis zur

Machenschaften

Heiratsmöglichkeit

an sich ziehen

ner Familie bleibe, soll mein Ferdinand die Milford heuraten – – Ist Ihm das helle*?

einsichtig

WURM Daß mich die Augen beißen* – – Wenigstens bewies der Präsident hier, daß der Vater nur ein Anfänger gegen ihn ist. Wenn der Major Ihnen eben so den gehorsamen Sohn zeigt, als Sie ihm den zärtlichen Vater, so dörfte Ihre Anforderung mit Protest zurückkommen.

Ich sehe es so klar, dass mir die Augen vor Schmerz tränen.

PRÄSIDENT Zum Glück war mir noch nie für die Ausführung eines Entwurfes bang, wo ich mich mit einem: Es soll so sein, einstellen konnte. – Aber seh er nun Wurm, das hat uns wieder auf den vorigen Punkt geleitet. Ich kündige meinem Sohn noch diesen Vormittag seine Vermählung an. Das Gesicht, das er mir zeigen wird, soll seinen Argwohn entweder rechtfertigen, oder ganz widerlegen.

WURM Gnädiger Herr, ich bitte sehr um Vergebung. Das finstre Gesicht, das er Ihnen ganz zuverlässig zeigt, läßt sich eben so gut auf die Rechnung der Braut schreiben, die Sie ihm zuführen, als derjenigen, die Sie ihm nehmen. Ich ersuche Sie um eine schärfere Probe. Wählen Sie ihm die untadelichste Partie im Land, und sagt er ja, so lassen Sie den Sekretair Wurm drei Jahre Kugeln schleifen*.

mit einer Eisenkugel am Bein einkerkern

PRÄSIDENT *beißt die Lippen:* Teufel!

WURM Es ist nicht anders. Die Mutter – die Dummheit selbst – hat mir in der Einfalt zuviel geplaudert.

PRÄSIDENT *geht auf und nieder, preßt seinen Zorn zurück:* Gut! Diesen Morgen noch.

WURM Nur vergessen Ewr Exzellenz nicht, daß der Major – der Sohn meines Herrn ist.

PRÄSIDENT Er soll geschont werden, Wurm.

WURM Und daß der Dienst, Ihnen von einer unwillkommenen Schwiegertochter zu helfen –

PRÄSIDENT Den Gegendienst wert ist, Ihm zu einer Frau zu helfen? – Auch das Wurm.

WURM *bückt sich vergnügt:* Ewig der Ihrige, gnädiger Herr. *er will gehen*

PRÄSIDENT Was ich Ihm vorhin vertraut habe Wurm *drohend* Wenn er plaudert –

WURM *lacht:* So zeigen* Ihr Exzellenz meine ⌜falschen Handschriften⌝ auf. *er geht ab* [zeigen … auf: decken]

PRÄSIDENT Zwar Du bist mir gewiß. Ich halte dich an deiner eigenen Schurkerei, wie den ⌜Schröter am Faden⌝.

EIN KAMMERDIENER *tritt herein:* Hofmarschall von Kalb –

PRÄSIDENT Kommt, wie gerufen. – Er soll mir angenehm sein *Kammerdiener geht.*

Sechste Szene

Hofmarschall von Kalb, in einem reichen aber geschmacklosen Hofkleid, mit ⌜Kammerherrnschlüsseln⌝, zwei Uhren und einem Degen, Chapeau-bas und frisiert ⌜à la Hérisson⌝. Er fliegt mit großem Gekreisch auf den Präsidenten zu, und breitet einen Bisamgeruch* über das ganze Parterre*. Präsident.* [Chapeau-bas: flacher Hut] [Bisamgeruch: Moschus] [Parterre: hier: Zuschauerraum]

HOFMARSCHALL *ihn umarmend:* Ah guten Morgen mein Bester! Wie geruht? Wie geschlafen? – Sie verzeihen doch, daß ich so spät das Vergnügen habe – dringende Geschäfte – der Küchenzettel* – ⌜Visitenbillets⌝ – ⌜das Arrangement der Partien⌝ auf die heutige Schlittenfahrt – Ah – und denn mußt ich ja auch bei dem ⌜Lever⌝ zugegen sein, und Seiner Durchleucht* das Wetter verkündigen. [Küchenzettel: Speisefolge für die Hoftafel] [Durchleucht: Durchlaucht; Anredeform des Fürsten]

PRÄSIDENT Ja Marschall. Da haben Sie freilich nicht ab kommen können.

HOFMARSCHALL Oben drein hat mich ein Schelm von Schneider noch sitzen lassen.

PRÄSIDENT Und doch fix und fertig?

HOFMARSCHALL Das ist noch nicht alles. – Ein Malheur* jagt heut das andere. Hören Sie nur. [Malheur: Unglück]

PRÄSIDENT *zerstreut:* Ist das möglich?

HOFMARSCHALL Hören Sie nur. Ich steige kaum aus dem Wagen, so werden die Hengste scheu, stampfen und schlagen aus, daß mir – ich bitte Sie! – der Gassenkot über und über an die Beinkleider sprützt. Was anzufangen? Setzen Sie Sich um Gotteswillen in meine Lage Baron. Da stand ich. Spät war es. Eine Tagreise ist es – und in dem Aufzug vor Seine Durchleucht! Gott der Gerechte! – Was fällt mir bei? Ich fingiere* eine Ohnmacht. Man bringt mich über Hals und Kopf in die Kutsche. Ich in voller Karriere* nach Haus – wechsle die Kleider – fahre zurück – Was sagen Sie? – und bin noch der erste in der Antischamber* – Was denken Sie?

täusche vor

so rasch die Pferde laufen konnten

Vorzimmer des herzoglichen Schlafgemachs

PRÄSIDENT Ein herrliches Inpromtu* des menschlichen Witzes – Doch das beiseite Kalb – Sie sprachen also schon mit dem Herzog?

Einfall

HOFMARSCHALL *wichtig:* Zwanzig Minuten und eine halbe.

PRÄSIDENT Das gesteh ich!* – und wissen mir also ohne Zweifel eine wichtige Neuigkeit?

Das geb' ich zu, das ist viel!

HOFMARSCHALL *ernsthaft nach einigem Stillschweigen:* Seine Durchleucht haben heute einen ⌜Merde d'Oye Biber⌝ an.

PRÄSIDENT Man denke – Nein Marschall, so hab ich doch eine bessere Zeitung* für sie – daß Lady Milford Majorin von Walter wird, ist Ihnen gewiß etwas neues?

Nachricht

HOFMARSCHALL Denken Sie! – Und das ist schon richtig gemacht*?

abgemacht

PRÄSIDENT U n t e r s c h r i e b e n, Marschall – und Sie verbinden mich*, wenn Sie ohne Aufschub dahin gehen, die Lady auf seinen Besuch präparieren*, und den Entschluß meines Ferdinands in der ganzen Residenz bekannt machen.

ich wäre Ihnen zu Dank verpflichtet

vorzubereiten

HOFMARSCHALL *entzückt:* O mit tausend Freuden mein Bester – Was kann mir erwünschter kommen? Ich fliege sogleich – *umarmt ihn* Leben Sie wohl – In Dreiviertelstunden weiß es die ganze Stadt. *hüpft hinaus*

PRÄSIDENT *lacht dem Marschall nach:* Man sage noch, daß diese Geschöpfe in der Welt zu nichts taugen – – Nun muß ja mein Ferdinand wollen, oder die ganze Stadt hat gelogen. *klingelt – Wurm kommt* Mein Sohn soll hereinkommen. *Wurm geht ab. Der Präsident auf und nieder gedankenvoll.*

Siebente Szene

Ferdinand. Der Präsident. Wurm, welcher gleich abgeht.

FERDINAND Sie haben befohlen, gnädiger Herr Vater –

PRÄSIDENT Leider muß ich das, wenn ich meines Sohns einmal froh werden will – Laß er uns allein, Wurm. – Ferdinand, ich beobachte dich schon eine Zeit lang, und finde die offene rasche Jugend nicht mehr, die mich sonst so entzückt hat. Ein seltsamer Gram brütet auf deinem Gesicht – Du fliehst mich – Du fliehst deine Zirkel* – Pfui! – Deinen Jahren verzeiht man zehn Ausschweifungen vor einer einzigen Grille*. Überlaß diese mir, lieber Sohn. Mich laß an deinem Glück arbeiten, und denke auf nichts, als in meine Entwürfe zu spielen*. – Komm! Umarme mich Ferdinand.

Gesellschaftskreise

wunderlicher Einfall

dich in meine Pläne zu fügen

FERDINAND Sie sind heute sehr gnädig mein Vater.

PRÄSIDENT Heute du Schalk – und dieses heute noch mit der herben Grimasse? *ernsthaft* Ferdinand! – Wem zu lieb hab ich die gefährliche Bahn zum Herzen des Fürsten betreten? Wem zu lieb bin ich auf ewig mit meinem Gewissen und dem Himmel zerfallen? – Höre Ferdinand – (Ich spreche mit meinem Sohn) – Wem hab ich durch die Hinwegräumung meines Vorgängers Platz gemacht – eine Geschichte, die desto blutiger in mein Inwendiges schneidet, je sorgfältiger ich das Messer der Welt verberge. Höre. Sage mir Ferdinand: Wem tat ich dies alles?

FERDINAND *tritt mit Schrecken zurück:* Doch mir nicht mein Vater? Doch auf mich soll der blutige Widerschein dieses Frevels nicht fallen? Beim allmächtigen Gott! Es ist besser, gar nicht geboren sein, als dieser Missetat zur Ausrede dienen.

PRÄSIDENT Was war das? Was? Doch! ich will es dem Romanenkopfe* zu gut halten – Ferdinand – ich will mich nicht erhitzen vorlauter Knabe – Lohnst du mir also für meine schlaflosen Nächte? Also für meine rastlose Sorge? Also für den ewigen Skorpion* meines Gewissens? – Auf mich fällt die Last der Verantwortung – auf mich der Fluch, der Donner des Richters – Du empfängst dein Glück von der zweiten Hand – das Verbrechen klebt nicht am Erbe.

dem durch Romanlektüre verdorbenen Verstand

metaphorisch für: Stachel

FERDINAND *streckt die rechte Hand gen Himmel:* Feierlich entsag ich hier einem Erbe, das mich nur an einen abscheulichen Vater erinnert.

PRÄSIDENT Höre junger Mensch, bringe mich nicht auf. – Wenn es nach deinem Kopfe ginge, du kröchest dein Lebenlang im Staube.

FERDINAND O, immer noch besser, Vater, als ich kröch um den Thron herum.

PRÄSIDENT *verbeißt seinen Zorn:* Hum! – Zwingen muß man dich, dein Glück zu erkennen. Wo zehn andre mit aller Anstrengung nicht hinaufklimmen, wirst du spielend, im Schlafe gehoben. Du bist im zwölften Jahre Fähndrich*. Im zwangisten Major. Ich hab es durchgesetzt beim Fürsten. Du wirst die Uniform ausziehen, und in das Ministerium eintreten. Der Fürst sprach vom Geheimenrat* – Gesandtschaften – außerordentlichen Gnaden. Eine herrliche Aussicht dehnt sich vor dir. – Die ebene Straße zunächst nach dem* Throne – zum Throne selbst, ⌜wenn anders die Gewalt so viel wert ist, als ihre Zeichen⌝ – das begeistert dich nicht?

jüngster Offizier einer Infanteriekompanie

Mitglied des fürstlichen Beraterkreises

nahe an dem

FERDINAND Weil meine Begriffe von Größe und Glück nicht ganz die Ihrigen sind – Ihre Glückseligkeit macht sich nur selten anders als durch Verderben bekannt. Neid, Furcht, Verwünschung sind die traurigen Spiegel, worin sich die Hoheit eines Herrschers belächelt. – Tränen, Flüche, Verzweiflung die entsetzliche Mahlzeit, woran diese gepriesenen Glücklichen schwelgen, von der sie betrunken aufstehen, und so in die Ewigkeit vor den Thron Gottes taumeln – Mein Ideal von Glück zieht sich genügsamer in mich selbst zurück. In meinem Herzen liegen alle meine Wünsche begraben. –

PRÄSIDENT Meisterhaft! Unverbesserlich! Herrlich! Nach dreißig Jahren die erste Vorlesung wieder! – Schade nur, daß mein fünfzigjähriger Kopf zu zäh für das Lernen ist! – Doch – dies seltne Talent nicht einrosten zu lassen, will ich dir jemand an die Seite geben, bei dem du dich in dieser buntscheckigen Tollheit nach Wunsch exerzieren* kannst. – Du wirst dich entschließen – noch heute entschließen – eine Frau zu nehmen.

exerzieren: üben

FERDINAND *tritt bestürzt zurück:* Mein Vater?

PRÄSIDENT Ohne Komplimente* – Ich habe der Lady Milford in deinem Namen eine Charte geschickt. Du wirst dich ohne Aufschub bequemen, dahin zu gehen, und ihr zu sagen, daß du ihr Bräutigam bist.

Komplimente: Dankesbezeugungen

FERDINAND Der Milford mein Vater?

PRÄSIDENT Wenn sie dir bekannt ist –

FERDINAND *außer Fassung:* Welcher ⌜Schandsäule⌝ im Herzogtum ist sie das nicht! – Aber ich bin wohl lächerlich, lieber Vater, daß ich Ihre Laune für Ernst aufnehme? Würden Sie Vater zu dem Schurken Sohne sein wollen, der eine privilegierte Buhlerin heuratete?

PRÄSIDENT Noch mehr, Ich würde selbst um sie werben, wenn sie einen Fünfziger möchte – Würdest du zu dem Schurken Vater nicht Sohn sein wollen?

FERDINAND Nein! So wahr Gott lebt!

PRÄSIDENT Eine Frechheit, bei meiner Ehre! die ich ihrer Seltenheit wegen vergebe –

FERDINAND Ich bitte Sie Vater! lassen Sie mich nicht länger in einer Vermutung, wo es mir unerträglich wird, mich ihren Sohn zu nennen.

PRÄSIDENT Junge bist du toll? Welcher Mensch von Vernunft würde nicht nach der Distinktion geizen*, mit seinem Landesherrn an einem dritten Orte zu wechseln*?

nach Auszeichnung streben

die Geliebte zu teilen

FERDINAND Sie werden mir zum Rätsel mein Vater. Distinktion nennen Sie es – Distinktion, da mit dem Fürsten zu teilen, wo er auch unter den Menschen hinunterkriecht*?

seinen animalischen Trieben folgt

PRÄSIDENT *schlägt ein Gelächter auf*

FERDINAND Sie können lachen – und ich will über das hinweggehen Vater. Mit welchem Gesicht soll ich vor den schlechtesten Handwerker treten, der mit seiner Frau wenigstens doch einem ganzen Körper zum Mitgift bekommt? Mit welchem Gesicht vor die Welt? Vor den Fürsten? Mit welchem vor die Buhlerin selbst, die den Brandflecken ihrer Ehre in meiner Schande auswaschen würde?

PRÄSIDENT Wo in aller Welt bringst du das Maul her, Junge?

FERDINAND Ich beschöre Sie bei Himmel und Erde! Vater, Sie können durch diese Hinwerfung Ihres einzigen Sohnes so glücklich nicht werden, als Sie ihn unglücklich machen. Ich gebe Ihnen mein Leben, wenn das Sie steigen* machen kann. Mein Leben hab ich von Ihnen, ich werde keinen Augenblick anstehen, es ganz Ihrer Größe zu opfern. – Meine Ehre, Vater – wenn Sie mir diese nehmen, so war es ein leichtfertiges Schelmenstück mir das Leben zu geben, und ich muß den Vater wie den Kuppler verfluchen.

an Rang und Würde in der Gesellschaft zunehmen

PRÄSIDENT *freundlich, indem er ihn auf die Achsel klopft:* Brav, lieber Sohn. Jetzt seh ich, daß du ein ganzer Kerl bist, und der besten Frau im Herzogtum würdig. – Sie soll dir werden – Noch diesen Mittag wirst du dich mit der Gräfin von Ostheim verloben.

FERDINAND *aufs neue betreten:* Ist diese Stunde bestimmt, mich ganz zu zerschmettern?

PRÄSIDENT *einen laurenden* Blick auf ihn werfend:* Wo doch hoffentlich deine Ehre nichts einwenden wird? — lauernden

FERDINAND Nein mein Vater. Friderike von Ostheim könnte jeden andern zum Glücklichsten machen. *vor sich, in höchster Verwirrung* Was seine Bosheit an meinem Herzen noch ganz ließ, zerreißt seine Güte.

PRÄSIDENT *noch immer kein Aug von ihm wendend:* Ich warte auf deine Dankbarkeit, Ferdinand –

FERDINAND *stürzt auf ihn zu und küßt ihm feurig die Hand:* Vater! Ihre Gnade entflammt meine ganze Empfindung – Vater! – meinen heißesten Dank für Ihre herzliche Meinung – Ihre Wahl ist untadelhaft – aber – ich kann – ich darf – Bedauern Sie mich – Ich kann die Gräfin nicht lieben.

PRÄSIDENT *tritt einen Schritt zurück:* Holla! Jetzt hab ich den jungen Herrn. Also in diese Falle ging er, der listige Heuchler – Also es war nicht die Ehre, die dir die Lady verbot? – Es war nicht die Person sondern die Heurat die du verabscheutest? –

FERDINAND *steht zuerst wie versteinert, dann fährt er auf, und will fortrennen.*

PRÄSIDENT Wohin? Halt! Ist das der Respekt den du mir schuldig bist? *der Major kehr zurück* Du bist bei der Lady gemeldet. Der Fürst hat mein Wort. Stadt und Hof wissen es richtig*. – Wenn du mich zum Lügner machst, Junge – vor dem Fürsten – der Lady – der Stadt – dem Hof mich zum Lügner machst – Höre Junge – oder wenn ich hinter gewisse Historien* komme: – Halt! Holla! Was bläst so auf einmal das Feuer in deinen Wangen aus?

wissen es als abgemacht

Geschichten

FERDINAND *schneeblaß und zitternd:* Wie? Was? Es ist gewiß nichts, mein Vater!

PRÄSIDENT *einen fürchterlichen Blick auf ihn heftend:* Und wenn es was ist – und wenn ich die Spur finden sollte, woher diese Widersetzlichkeit stammt? – – Ha Junge! der bloße Verdacht schon bringt mich zum Rasen. Geh den Augenblick. Die Wachparade* fängt an. Du wirst bei der Lady sein, sobald die Parole* gegeben ist – Wenn ich auftrete, zittert ein Herzogtum. Laß doch sehen, ob mich ein Starrkopf von Sohn meistert. *er geht und kommt noch einmal wieder* Junge, ich sage dir, du wirst dort sein, oder fliehe meinen Zorn. *er geht ab.*

Aufzug der Wache vor dem Schloss

das Kennwort, auf das hin die Wache passieren lässt

FERDINAND *erwacht aus einer dumpfen Betäubung:* Ist er weg? War das eines Vaters Stimme? – Ja! ich will zu ihr – will hin – will ihr Dinge sagen, will ihr einen Spiegel vorhalten – Nichtswürdige! und wenn du auch noch dann meine Hand verlangst – Im Angesicht des versammelten Adels, des Militärs und des Volks – Umgürte dich mit dem ganzen Stolz deines Englands – Ich verwerfe dich – ein teutscher Jüngling!

er eilt hinaus.

Zweiter Akt

Ein Saal im Palais der Lady Milford; zur rechten Hand steht ein Sofa, zur linken ein Flügel.

Erste Szene

Lady, in einem freien aber reizenden Negligee, die Haare noch unfrisiert, sitzt vor dem Flügel und phantasiert*; Sophie, die Kammerjungfer kommt von dem Fenster.*

Hausgewand, Morgenrock

improvisiert

SOPHIE Die Officiers gehen auseinander. Die Wachparade ist aus – aber ich sehe noch keinen Walter.

LADY *sehr unruhig, indem sie aufsteht und einen Gang durch den Saal macht:* Ich weiß nicht, wie ich mich heute finde*, Sophie – Ich bin noch nie so gewesen – Also du sahst ihn gar nicht? – Freilich wohl – Es wird ihm nicht eilen – Wie ein Verbrechen liegt es auf meiner Brust – Geh Sophie – Man soll mir den wildesten Renner herausführen, der im Marstall* ist. Ich muß ins Freie – Menschen sehen und blauen Himmel, und mich leichter reiten ums Herz herum.

hier: fühle

herzoglicher Pferdestall

SOPHIE Wenn Sie sich unpäßlich* fühlen, Milady – berufen Sie Assemblee* hier zusammen. Lassen Sie den Herzog hier Tafel halten, oder die ⌜l'Hombretische⌝ vor Ihren Sofa setzen. Mir sollte der Fürst und sein ganzer Hof zu Gebote stehn, und eine Grille* im Kopfe surren?

unwohl

Versammlung

hier: schlechte Laune

LADY *wirft sich in den Sofa:* Ich bitte, verschone mich. Ich gebe dir einen Demant* für jede Stunde, wo ich sie mir vom Hals schaffen kann. Soll ich meine Zimmer mit diesem Volk tapezieren? – Das sind schlechte erbärmliche Menschen, die sich entsetzen, wenn mir ein warmes herzliches Wort entwischt, Mund und Nasen aufreißen, als sähen sie einen Geist – Sklaven eines einzigen Mario-

Diamant

nettendrahts, den ich leichter als mein Filet* regiere. – Was fang ich mit Leuten an, deren Seelen so gleich als ihre Sackuhren* gehen? Kann ich eine Freude dran finden, sie was zu fragen, wenn ich voraus weiß, was sie mir antworten werden? Oder Worte mit ihnen wechseln, wenn sie das Herz nicht haben, andrer Meinung als ich zu sein? – Weg mit ihnen! Es ist verdrüßlich, ein Roß zu reiten, das nicht auch in den Zügel beißt. *sie tritt zum Fenster.*

SOPHIE Aber den Fürsten werden Sie doch ausnehmen Lady? Den schönsten Mann – Den feurigsten Liebhaber – den witzigsten Kopf in seinem ganzen Lande!

LADY *kommt zurück:* Denn es ist sein Land – und nur ein Fürstentum, Sophie, kann meinem Geschmack zur erträglichen Ausrede dienen – Du sagst, man beneide mich. Armes Ding! Beklagen soll man mich vielmehr. Unter allen, die an den Brüsten der Majestät trinken, kommt die Favoritin am schlechtesten weg, weil sie allein dem großen und reichen Mann auf dem Bettelstabe begegnet – Wahr ists, er kann mit dem ⌜Talisman⌝ seiner Größe jeden Gelust meines Herzens, wie ein Feenschloß, aus der Erde rufen. – Er setzt den Saft von zwei Indien* auf die Tafel – ruft ⌜Paradiese aus Wildnissen⌝ – läßt die Quellen seines Landes in stolzen Bögen* gen Himmel springen, oder das Mark seiner Untertanen in einem Feuerwerk hinpuffen – – Aber kann er auch seinem Herzen befehlen, gegen ein großes feuriges Herz groß und feurig zu schlagen? ⌜Kann er sein darbendes Gehirn auf ein einziges schönes Gefühl exequieren?⌝ – Mein Herz hungert bei all dem Vollauf* der Sinne, und was helfen mich tausend beßre Empfindungen*, wo ich nur Wallungen löschen darf?

SOPHIE *blickt sie verwundernd an:* Wie lang ist es denn aber, daß ich Ihnen diene, Milady?

LADY Weil du erst heute mit mir bekannt wirst? – Es ist

Filet: Nadel für die Filetstickerei

Sackuhren: Taschenuhren

Indien: Saft von exotischen Früchten aus West- und Ostindien (Mittelamerika).

Bögen: Wasserfontänen

Vollauf: Überfluss

Empfindungen: hier: moralische Gefühle

wahr, liebe Sophie – ich habe dem Fürsten meine Ehre verkauft, aber mein Herz habe ich frei behalten – ein Herz, meine Gute, das vielleicht eines Mannes noch wert ist – über welches der giftige Wind des Hofes nur wie der Hauch über den Spiegel ging – Trau es mir zu, meine Liebe, daß ich es längst gegen diesen armseligen Fürsten behauptet hätte, wenn ich es nur von meinem Ehrgeiz erhalten könnte*, einer Dame am Hof den Rang vor mir einzuräumen.

nur mein Ehrgeiz erlauben würde

SOPHIE Und dieses Herz unterwarf sich dem Ehrgeiz so gern?

LADY *lebhaft:* Als wenn es sich nicht schon gerächt hätte? – Nicht jetzt noch sich rächte? – Sophie *bedeutend, indem sie die Hand auf Sophiens Achsel fallen läßt* Wir Frauenzimmer können nur zwischen Herrschen und Dienen wählen – aber die höchste Wonne der Gewalt ist doch nur ein elender Behelf, wenn uns die größere Wonne versagt wird, Sklavinnen eines Manns zu sein, den wir lieben.

SOPHIE Eine Wahrheit, Milady, die ich von Ihnen zuletzt hören wollte!

LADY Und warum, meine Sophie? Sieht man es denn dieser kindischen Führung des Zepters* nicht an, daß wir nur für das Gängelband taugen? Sahst du es denn diesem launischen Flattersinn* nicht an – diesen wilden Ergötzungen nicht an, daß sie nur wildere Wünsche in meiner Brust überlärmen sollten?

ungeschickter Versuch, Macht auszuüben

Unbeständigkeit

SOPHIE *tritt erstaunt zurück:* Lady?

LADY *lebhafter:* Befriedige diese! Gib mir den Mann, den ich jetzt denke – den ich anbete – sterben, Sophie, oder besitzen muß *schmelzend* Laß mich aus seinem Mund es vernehmen, daß Tränen der Liebe schöner glänzen in unsern Augen, als die Brillanten in unserm Haar *feurig* und ich werfe dem Fürsten sein Herz und sein Fürstentum vor die Füße, fliehe mit diesem Mann, fliehe in die entlegenste Wüste der Welt – –

SOPHIE *blickt sie erschrocken an:* Himmel! was machen Sie? Wie wird Ihnen Lady?

LADY *bestürzt:* Du entfärbst dich? – Hab ich vielleicht etwas zu viel gesagt? – O so laß mich deine Zunge mit meinem Zutrauen binden – höre noch mehr – höre alles –

SOPHIE *schaut sich ängstlich um:* Ich fürchte Milady – ich fürchte – ich brauch es nicht mehr zu hören.

LADY Die Verbindung mit dem Major – Du und die Welt stehen im Wahn, sie sei eine Hofkabale – Sophie – erröte nicht – schäme dich meiner nicht – sie ist das Werk – meiner Liebe.

SOPHIE Bei Gott! Was mir ahndete!

LADY Sie ließen sich beschwatzen, Sophie – der schwache Fürst – der hofschlaue Walter – der alberne Marschall – Jeder von ihnen wird darauf schwören, daß diese Heurat das unfehlbarste Mittel sei, mich dem Herzog zu retten, unser Band um so fester zu knüpfen. – Ja! es auf ewig zu trennen! auf ewig diese schändliche Ketten zu brechen! – Belogene Lügner! Von einem schwachen Weib überlistet! – Ihr selbst führt mir jetzt meinen Geliebten zu. Das war es ja nur was ich wollte – Hab ich ihn einmal – hab ich ihn – o dann auf immer gute Nacht abscheuliche Herrlichkeit –

Zweite Szene

Ein alter Kammerdiener des Fürsten, der ein Schmuckkästchen trägt. Die Vorigen.

KAMMERDIENER Seine Durchlaucht der Herzog empfehlen Sich Milady zu Gnaden, und schicken Ihnen diese Brillanten zur Hochzeit. Sie kommen so eben erst aus Venedig.

LADY *hat das Kästgen geöffnet und fährt erschrocken zurück:* Mensch! was bezahlt dein Herzog für diese Steine?

KAMMERDIENER *mit finsterm Gesicht:* Sie kosten ihn keinen Heller*.

zu Schillers Zeit die Münze von geringstem Wert

LADY Was? Bist du rasend? Nichts. – und *indem sie einen Schritt von ihm weg tritt* du wirfst mir ja einen Blick zu, als wenn du mich durchbohren wolltest – Nichts kosten ihn diese unermeßlich kostbaren Steine?

KAMMERDIENER Gestern sind siebentausend ⌜Landskinder nach Amerika fort⌝ – Die zahlen alles.

LADY *setzt den Schmuck plötzlich nieder und geht rasch durch den Saal, nach einer Pause zum Kammerdiener:* Mann, was ist dir? Ich glaube, du weinst?

KAMMERDIENER *wischt sich die Augen, mit schrecklicher Stimm, alle Glieder zitternd:* Edelsteine wie diese da – Ich hab auch ein paar Söhne drunter.

LADY *wendet sich bebend weg, seine Hand fassend:* Doch keinen Gezwungenen?

KAMMERDIENER *lacht fürchterlich:* O Gott – Nein – lauter Freiwillige. Es traten wohl so etliche vorlaute Bursch' vor die Front* heraus, und fragten den Obersten, wie teuer der Fürst das Joch* Menschen verkaufe? – aber unser gnädigster Landesherr ließ alle Regimenter auf dem Paradeplatz aufmarschieren, und die Maulaffen* niederschießen. Wir hörten die Büchsen knallen, sahen ihr Gehirn auf das Pflaster sprützen, und die ganze Armee schrie: Juchhe nach Amerika! –

vor die Reihe der angetretenen Soldaten

Paar

Narren

LADY *fällt mit Entsetzen in den Sofa:* Gott! Gott! – Und ich hörte nichts? Und ich merkte nichts?

KAMMERDIENER Ja gnädige Frau – warum mußtet Ihr denn mit unserm Herrn gerad auf die Bärenhatz* reiten, als man den Lärmen* zum Aufbruch schlug? – Die Herrlichkeit hättet Ihr doch nicht versäumen sollen, wie uns die gellenden Trommeln verkündigten, es ist Zeit, und heulende Waisen dort einen lebendigen Vater verfolgten, und hier eine wütende Mutter lief, ihr saugendes Kind an Bajonetten zu spießen, und wie man Bräutigam und

Bärenjagd

Alarm

Braut mit Säbelhieben auseinander riß, und wir Graubärte verzweiflungsvoll da standen, und den Burschen auch zuletzt die Krücken noch nachwarfen in die neue Welt – Oh, und mitunter das polternde Wirbelschlagen*, damit der Allwissende uns nicht sollte beten hören –

Trommelwirbel

LADY *steht auf, heftig bewegt:* Weg mit diesen Steinen – sie blitzen Höllenflammen in mein Herz *sanfter zum Kammerdiener* Mäßige dich armer alter Mann. Sie werden wieder kommen. Sie werden ihr Vaterland wieder sehen.

KAMMERDIENER *warm und voll:* Das weiß der Himmel! Das werden Sie! – Noch am Stadttor drehten sie sich um, und schrieen: »Gott mit Euch, Weib und Kinder – Es leb unser Landesvater – am jüngsten Gericht sind wir wieder da!« –

LADY *mit starkem Schritt auf und nieder gehend:* Abscheulich! Fürchterlich! – M i c h beredete man*, ich habe sie alle getrocknet die Tränen des Landes – Schrecklich, schrecklich gehen mir die Augen auf – Geh du – Sag deinem Herrn – Ich werd ihm persönlich danken *Kammerdiener will gehen, sie wirft ihm ihre Goldbörse in den Hut* Und das nimm, weil du mir Wahrheit sagtest –

Mir redete man ein

KAMMERDIENER *wirft sie verächtlich auf den Tisch zurück:* Legts zu dem übrigen. *er geht ab.*

LADY *sieht ihm erstaunt nach:* Sophie, spring ihm nach, frag ihn um seinen Namen. Er soll seine Söhne wieder haben. *Sophie ab. Lady nachdenkend auf und nieder. Pause. Zu Sophien, die wieder kommt* Ging nicht jüngst ein Gerüchte, daß das Feuer eine Stadt an der Grenze verwüstet, und bei* vierhundert Familien an den Bettelstab gebracht habe? *sie klingelt*

beinahe

SOPHIE Wie kommen Sie auf das? Allerdings ist es so, und die mehresten dieser Unglücklichen dienen jetzt ihren Gläubigern als Sklaven, oder verderben in den Schachten der fürstlichen Silberbergwerke.

BEDIENTER *kommt:* Was befehlen Milady?

LADY *gibt ihm den Schmuck:* Daß das ohne Verzug in die ⌜Landschaft⌝ gebracht werde! – Man soll es sogleich zu Geld machen, befehl ich, und den Gewinst davon unter die Vierhundert verteilen, die der Brand ruiniert hat.

SOPHIE Milady, bedenken Sie, daß Sie die höchste Ungnade wagen.

LADY *mit Größe:* Soll ich den Fluch seines Landes in meinen Haaren tragen? *sie winkt dem Bedienten, dieser geht* Oder willst du, daß ich unter dem schrecklichen Geschirr* solcher Tränen zu Boden sinke? – Geh Sophie – Es ist besser falsche Juwelen im Haar, und das Bewußtsein dieser Tat im Herzen zu haben.

hier metaphorisch: das Diadem, ein mit Edelsteinen besetzter Stirnreif, als Joch

SOPHIE Aber Juwelen, wie diese! Hätten Sie nicht Ihre schlechtern nehmen können. Nein wahrlich Milady! Es ist Ihnen nicht zu vergeben.

LADY Närrisches Mädchen! Dafür werden in e i n e m Augenblick mehr Brillanten und Perlen* für mich fallen, als zehen Könige in ihren Diademen getragen, und schönere –

hier metaphorisch für: Tränen

BEDIENTER *kommt zurück:* Major von Walter –

SOPHIE *spring auf die Lady zu:* Gott! Sie verblassen –

LADY Der erste Mann der mir Schrecken macht – Sophie Ich sei unpäßlich Eduard – Halt – Ist er aufgeräumt*? Lacht er? Was spricht er? O Sophie! Nicht wahr, ich sehe häßlich aus?

gut aufgelegt

SOPHIE Ich bitte Sie Lady –

BEDIENTER Befehlen Sie, daß ich ihn abweise?

LADY *stotternd:* Er soll mir willkommen sein. *Bedienter hinaus* Sprich Sophie – Was sag ich ihm? Wie empfang ich ihn? – Ich werde stumm sein. – Er wird meiner Schwäche spotten – Er wird – o was ahndet mir – Du verlässest mich Sophie? – Bleib – Doch nein! Gehe! – So bleib doch. *der Major kommt durch das Vorzimmer.*

SOPHIE Sammeln Sie sich. Er ist schon da.

Dritte Szene

Ferdinand von Walter. Die Vorigen.

FERDINAND *mit einer kurzen Verbeugung:* Wenn ich Sie worin unterbreche, gnädige Frau –

LADY *unter merkbarem Herzklopfen:* In nichts, Herr Major, das mir wichtiger wäre.

FERDINAND Ich komme auf Befehl meines Vaters.

LADY Ich bin seine Schuldnerin.

FERDINAND Und soll Ihnen melden, daß wir uns heuraten – So weit der Auftrag meines Vaters.

LADY *entfärbt sich und zittert:* Nicht Ihres eigenen Herzens?

FERDINAND Minister und Kuppler pflegen das niemals zu fragen.

LADY *mit einer Beängstigung, daß ihr die Worte versagen:* Und Sie Selbst hätten sonst nichts beizusetzen*?

hinzuzufügen

FERDINAND *mit einem Blick auf die Mamsell:* Noch sehr viel, Milady

LADY *gibt Sophien einen Wink, diese entfernt sich:* Darf ich Ihnen diesen Sofa anbieten?

FERDINAND Ich werde kurz sein, Milady.

LADY Nun?

FERDINAND Ich bin ein Mann von Ehre.

LADY Den ich zu schätzen weiß.

FERDINAND Kavalier.

LADY Kein beßrer im Herzogtum.

FERDINAND Und Offizier.

LADY *schmeichelhaft:* Sie berühren hier Vorzüge, die auch andere mit Ihnen gemein haben. Warum verschweigen Sie größere, worin Sie einzig sind?

FERDINAND *frostig:* Hier brauch ich sie nicht.

LADY *mit immer steigender Angst:* Aber für was muß ich diesen Vorbericht nehmen?

FERDINAND *langsam und mit Nachdruck:* Für den Einwurf* der Ehre, wenn Sie Lust haben sollten, meine Hand zu erzwingen.

Einwand

LADY *auffahrend:* Was ist das Herr Major?

FERDINAND *gelassen:* Die Sprache meines Herzens – meines Wappens* – und dieses Degens*.

meiner Familienehre

meiner Offiziersehre

LADY Diesen Degen gab Ihnen der Fürst.

FERDINAND Der Staat gab mir ihn, durch die Hand des Fürsten – Mein Herz Gott – mein Wappen ein halbes Jahrtausend.

LADY Der Name des Herzogs –

FERDINAND *hitzig:* Kann der Herzog Gesetze der Menschheit verdrehen, oder Handlungen münzen, wie seine Dreier*? – Er selbst ist nicht über die Ehre erhaben, aber er kann ihren Mund mit seinem Golde verstopfen. Er kann den ⌜Hermelin⌝ über seine Schande herwerfen. Ich bitte mir aus, davon nichts mehr Milady – Es ist nicht mehr die Rede von weggeworfenen Aussichten und Ahnen – oder von dieser Degenquaste* – oder von der Meinung der Welt. Ich bin bereit, dies alles mit Füßen zu treten, sobald Sie mich nur überzeugt haben werden, daß der Preis nicht schlimmer noch als das Opfer ist.

kleine Dreipfennigmünze

Symbol für Stand und Ehre des Offiziers

LADY *schmerzhaft von ihm weggehend:* Herr Major! Das hab ich nicht verdient.

FERDINAND *ergreift ihre Hand:* Vergeben Sie. Wir reden hier ohne Zeugen. Der Umstand, der Sie und mich – heute und nie mehr – zusammen führt, berechtigt mich, zwingt mich, Ihnen mein geheimstes Gefühl nicht zurück zu halten. – Es will mir nicht zu Kopfe, Milady, daß eine Dame von so viel Schönheit und Geist – Eigenschaften, die ein Mann schätzen würde – sich an einen Fürsten sollte wegwerfen können, der nur das Geschlecht an Ihr zu bewundern gelernt hat, wenn sich diese Dame nicht schämte, vor einen Mann mit ihrem Herzen zu treten.

LADY *schaut ihm groß in's Gesicht:* Reden Sie ganz aus.

FERDINAND Sie nennen sich eine Brittin. Erlauben Sie mir – ich kann es nicht glauben, daß Sie eine Brittin sind. Die freigeborene Tochter des ⌜freiesten Volks⌝ unter dem Himmel – das auch zu stolz ist, fremder Tugend zu räuchern*, – kann sich nimmermehr an fremdes Laster verdingen. Es ist nicht möglich, daß Sie eine Brittin sind, – oder das Herz dieser Brittin muß um so viel kleiner sein, als größer und kühner Britanniens Adern schlagen.

hier: huldigen

LADY Sind Sie zu Ende?

FERDINAND Man könnte antworten, es ist weibliche Eitelkeit – Leidenschaft – Temperament – Hang zum Vergnügen. Schon öfters überlebte Tugend die Ehre. Schon manche, die mit Schande in diese Schranke trat, hat nachher die Welt durch edle Handlungen mit sich ausgesöhnt, und das häßliche Handwerk durch einen schönen Gebrauch geadelt – Aber woher denn jetzt diese ungeheure Pressung* des Landes, die vorher nie so gewesen? – Das war im Namen des Herzogtums. – Ich bin zu Ende.

Ausbeutung

LADY *mit Sanftmut und Hoheit:* Es ist das erstemal, Walter, daß solche Reden an mich gewagt werden, und Sie sind der einige Mensch, dem ich darauf antworte – Daß Sie meine Hand verwerfen, darum schätz ich Sie. Daß Sie mein Herz lästern, vergebe ich Ihnen. Daß es Ihr Ernst ist, glaube ich Ihnen nicht. Wer sich herausnimmt, Beleidigungen dieser Art einer Dame zu sagen, die nicht mehr als eine Nacht braucht, ihn ganz zu verderben, muß dieser Dame eine große Seele zutrauen, oder – von Sinnen sein – Daß Sie den Ruin des Landes auf meine Brust wälzen*, vergebe Ihnen Gott der Allmächtige, der Sie und Mich und den Fürsten einst gegeneinander stellt. – Aber Sie haben die Engländerin in mir aufgefordert, und auf Vorwürfe dieser Art muß mein Vaterland Antwort haben.

mir vorwerfen

FERDINAND *auf seinen Degen gestützt:* Ich bin begierig.

LADY Hören Sie also, was ich, außer Ihnen, noch niemand vertraute, noch jemals einem Menschen vertrauen will. – Ich bin nicht die Abenteurerin, Walter, für die Sie mich halten. Ich könnte groß tun und sagen: Ich bin fürstlichen Geblüts – aus des unglücklichen ⌜Thomas Norfolks⌝ Geschlechte, der für die schottische Maria ein Opfer war – Mein Vater, des Königs oberster Kämmerer wurde bezüchtigt*, in verrätrischem Vernehmen* mit Frankreich zu stehen, durch einen Spruch der Parlamente verdammt, und enthauptet. – Alle unsre Güter fielen der Krone zu. Wir selbst wurden des Landes verwiesen. Meine Mutter starb am Tage der Hinrichtung. Ich – ein vierzehenjähriges Mädchen – flohe nach Teutschland mit meiner Wärterin – einem Kästchen Juwelen – und diesem Familienkreuz, das meine sterbende Mutter mit ihrem letzten Segen mir in den Busen steckte.

bezichtigt
Einvernehmen

FERDINAND *wird nachdenkend, und heftet wärmere Blikke auf die Lady.*

LADY *fährt fort mit immer zunehmender Rührung:* Krank – ohne Namen – ohne Schutz und Vermögen – eine ausländische Waise kam ich nach Hamburg. Ich hatte nichts gelernt, als das Bißchen Französisch – ein wenig Filet, und den Flügel – desto besser verstund ich auf Gold und Silber zu speisen, unter damastenen* Decken zu schlafen, mit einem Wink zehen Bediente fliegen zu machen, und die Schmeicheleien der Großen Ihres Geschlechts aufzunehmen. – Sechs Jahre waren schon hingeweint. – Die letzte Schmucknadel flog dahin* – Meine Wärterin starb – und jetzt führte mein Schicksal Ihren Herzog nach Hamburg*. Ich spazierte damals an den Ufern der Elbe, sah in den Strom, und fing eben an zu phantasieren, ob dieses Wasser oder mein Leiden das tiefste wäre? – Der Herzog sah mich, verfolgte mich, fand meinen Aufenthalt, – lag zu meinen Füßen,

seidenen

wurde verkauft

Karl Eugen hielt sich 1781 dort auf.

und schwur, daß er mich liebe. *sie hält in großen Bewegungen inne, dann fährt sie fort mit weinender Stimme* Alle Bilder meiner glücklichen Kindheit wachten jetzt wieder mit verführendem Schimmer* auf – Schwarz wie das Grab grau'te mich eine trostlose Zukunft an – Mein Herz brannte nach einem Herzen – Ich sank an das seinige *von ihm weg stürzend* Jetzt verdammen Sie mich!

hier: Glanz

FERDINAND *sehr bewegt, eilt ihr nach, und hält sie zurück:* Lady! o Himmel! Was hör ich? Was tat ich? – Schrecklich enthüllt sich mein Frevel mir. Sie können mir nicht mehr vergeben.

LADY *kommt zurück, und hat sich zu sammeln gesucht:* Hören Sie weiter. Der Fürst überraschte zwar meine wehrlose Jugend – aber das Blut der Norfolk empörte sich in mir: Du eine geborene Fürstin, Emilie, rief es, und jetzt eines Fürsten Konkubine*? – Stolz und Schicksal kämpften in meiner Brust, als der Fürst mich hieher brachte, und auf einmal die schauderndste Szene vor meinen Augen stand. – Die Wollust der Großen dieser Welt ist die nimmer satte Hyäne, die sich mit Heißhunger Opfer sucht. – Fürchterlich hatte sie schon in diesem Lande gewütet – hatte Braut und Bräutigam zertrennt – hatte selbst der Ehen göttliches Band zerrissen – hier das stille Glück einer Familie geschleift* – dort ein junges unerfahrnes Herz der verheerenden Pest aufgeschlossen, und sterbende Schülerinnen* schäumten den Namen ihres Lehrers unter Flüchen und Zuckungen aus – Ich stellte mich zwischen das Lamm und den Tyger; nahm einen fürstlichen Eid von ihm in einer Stunde der Leidenschaft, und diese abscheuliche Opferung mußte aufhören.

Beischläferin, Geliebte

hier: zerstört

junge Mädchen, die der Herzog verführt hat

FERDINAND *rennt in der heftigsten Unruhe durch den Saal:* Nichts mehr Milady! Nicht weiter!

LADY Diese traurige Periode hatte einer noch traurigern

Platz gemacht. Hof und Serail* wimmelten jetzt von ⌜Italiens Auswurf⌝. Flatterhafte Pariserinnen tändelten mit dem furchtbaren Zepter, und das Volk blutete unter ihren Launen – Sie alle erlebten ihren Tag*. Ich sah sie neben mir in den Staub sinken, denn ich war mehr Kokette*, als sie alle. Ich nahm dem Tyrannen den Zügel ab, der wollüstig in meiner Umarmung erschlappte – dein Vaterland, Walter, fühlte zum erstenmal eine Menschenhand, und sank vertrauend an meinen Busen. *Pause, worin sie ihn schmelzend ansieht* O daß der Mann, von dem ich allein nicht verkannt sein möchte, mich jetzt zwingen muß, groß zu prahlen, und meine stille Tugend am Licht der Bewunderung zu versengen! – Walter, ich habe Kerker gesprengt – habe Todesurteile zerrissen, und manche entsetzliche Ewigkeit auf ⌜Galeeren⌝ verkürzt. In unheilbare Wunden hab ich doch wenigstens stillenden Balsam* gegossen – mächtige Frevler in Staub gelegt, und die verlorne Sache der Unschuld oft noch mit einer buhlerischen Träne gerettet – Ha Jüngling! wie süß war mir das! Wie stolz konnte mein Herz jede Anklage meiner fürstlichen Geburt widerlegen! – Und jetzt kommt der Mann, der allein mir das alles belohnen sollte – der Mann, den mein erschöpftes* Schicksal vielleicht zum Ersatz meiner vorigen Leiden schuf – der Mann, den ich mit brennender Sehnsucht im Traum schon umfasse –

Palast, Harem

ihren letzten Tag

gefallsüchtige Frau, Dirne

heilsame Salbe; hier metaphorisch für: Linderung

erfülltes

FERDINAND *fällt ihr ins Wort, durch und durch erschüttert:* Zuviel! Zuviel! Das ist wider die Abrede*, Lady. Sie sollten sich von Anklagen reinigen, und machen mich zu einem Verbrecher. Schonen Sie – ich beschwöre Sie – schonen Sie meines Herzens, das Beschämung und wütende Reue zerreißen –

Verabredung

LADY *hält seine Hand fest:* Jetzt oder nimmermehr. Lange genug hielt die Heldin stand – Das Gewicht dieser Tränen mußt du noch fühlen *im zärtlichsten Ton* Höre Walter – wenn eine Unglückliche – unwiderstehlich allmächtig an Dich gezogen – sich an Dich preßt mit einem Busen voll glühender unerschöpflicher Liebe, – Walter – und Du jetzt noch das kalte Wort Ehre sprichst – Wenn diese Unglückliche – niedergedrückt vom Gefühl ihrer Schande – des Lasters überdrüssig – heldenmäßig empor gehoben vom Rufe der Tugend – sich so – in Deine Arme wirft *sie umfaßt ihn, beschwörend und feierlich* Durch Dich gerettet – durch Dich dem Himmel wieder geschenkt sein will, oder *das Gesicht von ihm abgewandt, mit hohler bebender Stimme* Deinem Bild zu entfliehen, dem fürchterlichen Ruf der Verzweiflung gehorsam, in noch abscheulichere Tiefen des Lasters wieder hinuntertaumelt –

FERDINAND *von ihr losreißend, in der schrecklichsten Bedrängnis:* Nein, beim großen Gott! Ich kann das nicht aushalten – Lady, ich muß – Himmel und Erde liegen auf mir – ich muß Ihnen ein Geständnis tun, Lady.

LADY *von ihm wegfliehend:* Jetzt nicht! Jetzt nicht, bei allem was heilig ist – In diesem entsetzlichen Augenblick nicht, wo mein zerrissenes Herz an tausend Dolchstichen blutet – Sei's Tod oder Leben – ich darf es nicht – ich will es nicht hören.

FERDINAND Doch, doch beste Lady. Sie müssen es. Was ich Ihnen jetzt sagen werde, wird meine Strafbarkeit mindern, und eine warme Abbitte des Vergangenen sein – Ich habe mich in Ihnen betrogen*, Milady. Ich erwartete – ich wünschte, Sie meiner Verachtung würdig zu finden. Fest entschlossen Sie zu beleidigen, und Ihren Haß zu verdienen, kam ich her – Glücklich wir beide, wenn mein Vorsatz gelungen wäre! *er schweigt eine Weile, darauf leiser und schüchterner* Ich liebe Milady – liebe ein bürgerliches Mädchen – Louisen Millerin – eines Musikus Tochter. *Lady wendet sich bleich von ihm weg, er fährt lebhafter fort* Ich weiß, worein ich

getäuscht

mich stürze; aber wenn auch Klugheit die Leidenschaft schweigen heißt, so redet die Pflicht desto lauter – Ich bin der Schuldige. Ich zuerst zerriß ihrer Unschuld goldenen Frieden – wiegte ihr Herz mit vermessenen Hoffnungen, und gab es verräterisch der wilden Leidenschaft Preis. – Sie werden mich an Stand – an Geburt* – an die Grundsätze meines Vaters erinnern – aber ich liebe – Meine Hoffnung steigt um so höher, je tiefer die Natur mit Konvenienzen* zerfallen ist. – Mein Entschluß und das Vorurteil! – Wir wollen sehen, ob die ⌜Mode⌝ oder die Menschheit auf dem Platz bleiben wird. *Lady hat sich unterdes bis an das äußerste Ende des Zimmers zurückgezogen, und hält das Gesicht mit beiden Händen bedeckt. Er folgt ihr dahin* Sie wollten mir etwas sagen, Milady?

Geburt: vornehme Herkunft

Konvenienzen: gesellschaftlichen Übereinkünften, Verhaltensnormen

LADY *im Ausdruck des heftigsten Leidens:* Nichts Herr von Walter! Nichts, als daß sie Sich und Mich und noch eine Dritte zu Grund richten.

FERDINAND Noch eine Dritte?

LADY Wir können miteinander nicht glücklich werden. Wir müssen doch der Voreiligkeit Ihres Vaters zum Opfer werden. Nimmermehr werd ich das Herz eines Mannes haben, der mir seine Hand nur gezwungen gab.

FERDINAND Gezwungen Lady? Gezwungen gab? und also doch gab? können Sie eine Hand ohne Herz erzwingen? Sie einem Mädchen den Mann entwenden, der die ganze Welt dieses Mädchens ist? Sie einen Mann von dem Mädchen reißen, das die ganze Welt dieses Mannes ist? Sie Milady – vor einem Augenblick die bewundernswürdige Brittin? – Sie können das?

LADY Weil ich es muß. *mit Ernst und Stärke* Meine Leidenschaft, Walter, weicht meiner Zärtlichkeit für Sie. Meine Ehre kanns nicht mehr – Unsre Verbindung ist das Gespräch des ganzen Landes. Alle Augen, alle Pfeile des Spotts sind auf mich gespannt*. Die Beschimpfung

gespannt: gerichtet

ist unauslöschlich, wenn ein Untertan des Fürsten mich ausschlägt. Rechten Sie mit Ihrem Vater. Wehren Sie sich so gut Sie können. – Ich laß alle Minen sprengen*. *sie geht schnell ab. Der Major bleib in sprachloser Erstarrung stehn. Pause. Dann stürzt er fort durch die Flügeltüre.*

setze alle verfügbaren Kampfmittel ein

Vierte Szene

Zimmer beim Musikanten.
Miller. Frau Millerin. Louise treten auf.

MILLER *hastig ins Zimmer:* Ich habs ja zuvor gesagt!

LOUISE *sprengt* ihn ängstlich an:* Was, Vater, Was?

stürzt auf ihn zu

MILLER *rennt wie toll auf und nieder:* Meinen Staatsrock her – hurtig – ich muß ihm zuvorkommen – und ein weißes Manschettenhemd! – Das hab ich mir gleich eingebildet*!

gedacht

LOUISE Um Gotteswillen! Was?

MILLERIN Was gibts denn? Was ists denn?

MILLER *wirft seine Perücke ins Zimmer:* Nur gleich zum Friseur das! Was es gibt? *vor den Spiegel gesprungen* Und mein Bart ist auch wieder Fingerslang – Was es gibt? – Was wirds geben, du Rabenaas? – Der Teufel ist los, und d i c h soll das Wetter* schlagen.

Blitz

FRAU Da sehe man! Über mich muß gleich alles kommen.

MILLER Über dich? Ja blaues* Donnermaul und über wen anders? Heute früh mit deinem diabolischen Junker – Hab ichs nicht im Moment gesagt? – Der Wurm hat geplaudert.

im Schwäb. ein Ausdruck der Verstärkung

FRAU Ah was! Wie kannst du das wissen?

MILLER Wie kann ich das wissen? – Da! – unter der Haustüre spukt ein Kerl des Ministers, und fragt nach dem Geiger.

LOUISE Ich bin des Todes.

MILLER Du aber auch mit deinen Vergißmeinnichtsaugen* *lacht voll Bosheit* Das hat seine Richtigkeit, wem der Teufel ein Ei in die Wirtschaft gelegt hat, dem wird eine hübsche Tochter geboren – Jetzt hab ichs blank!*

FRAU Woher weißt du denn, daß es der Louise gilt? – Du kannst dem Herzog rekommendiert* worden sein. Er kann dich ins Orchester verlangen.

MILLER *springt nach seinem ⌜Rohr⌝:* Daß dich der Schwefelregen von ⌜Sodom!⌝ – Orchester! – Ja, wo du Kupplerin den Diskant* wirst heulen, und mein blauer Hinterer den Konterbaß vorstellen. *wirft sich in seinen Stuhl* Gott im Himmel!

LOUISE *setzt sich todenbleich nieder:* Mutter! Vater! Warum wird mir auf einmal so bange?

MILLER *springt wieder vom Stuhl auf:* Aber soll mir der Dintenkleckser* einmal in den Schuß laufen*? Soll er mir laufen? – Es sei in dieser oder in jener Welt – Wenn ich ihm nicht Leib und Seele breiweich zusammendresche, alle zehen Gebote und alle sieben Bitten im Vaterunser, und alle Bücher Mosis und der Propheten aufs Leder* schreibe, daß man die blaue Flecken bei der Auferstehung der Toden noch sehen soll –

FRAU Ja! Fluch du und poltre du! Das wird jetzt den Teufel bannen. Hilf heiliger Herregott! Wohinaus nun? Wie werden wir Rat schaffen? Was nun anfangen? Vater Miller, so rede doch! *Sie läuft heulend durchs Zimmer.*

MILLER Auf der Stell zum Minister will ich: Ich zuerst will mein Maul auftun – Ich selbst will es angeben*. Du hast es vor mir gewußt. Du hättest mir einen Wink geben können. Das Mädel hätt sich noch weisen lassen. Es wäre noch Zeit gewesen – aber Nein! – Da hat sich was ⌜makeln lassen; da hat sich was fischen lassen! Da hast du noch Holz obendrein zugetragen! – Jetzt sorg auch für deinen Kuppelpelz⌝. Friß aus, was du einbrocktest. Ich nehme meine Tochter in Arm, und marsch mit ihr über die Grenze.

treuherzigen Augen

Jetzt ist es mir klar!

empfohlen

Sopran

der Sekretär Wurm

begegnen

auf die Haut

anzeigen, dass Louise ein Verhältnis mit Ferdinand hat

Fünfte Szene

Ferdinand von Walter, stürzt erschrocken und außer Atem ins Zimmer. Die Vorigen.

FERDINAND War mein Vater da?

LOUISE *fährt mit Schrecken auf:* Sein Vater! allmächtiger Gott!

FRAU *schlägt die Hände zusammen:* Der Präsident! Es ist aus mit uns! *Alle zugleich.*

MILLER *lacht voll Bosheit:* Gottlob! Gottlob! Da haben wir ja die Bescherung!

FERDINAND *eilt auf Louisen zu, und drückt sie stark in die Arme:* Mein bist du, und wärfen Höll' und Himmel sich zwischen uns.

LOUISE Mein Tod ist gewiß – Rede weiter – Du sprachst einen schrecklichen Namen aus – dein Vater?

FERDINAND Nichts. Nichts. Es ist überstanden. Ich hab dich ja wieder. Du hast mich ja wieder. O laß mich Atem schöpfen an dieser Brust. Es war eine schreckliche Stunde.

LOUISE Welche? Du tödest mich!

FERDINAND *tritt zurück, und schaut sie bedeutend an:* Eine Stunde, Louise, wo zwischen mein Herz und Dich eine fremde Gestalt sich warf – wo meine Liebe vor meinem Gewissen erblaßte – wo meine Louise aufhörte, Ihrem Ferdinand alles zu sein – –

LOUISE *sinkt mit verhülltem Gesicht auf den Sessel nieder.*

FERDINAND *geht schnell auf sie zu, bleibt sprachlos mit starrem Blick vor ihr stehen, dann verläßt er sie plötzlich, in großer Bewegung:* Nein! Nimmermehr! Unmöglich Lady! Zuviel verlangt! Ich kann dir diese Unschuld nicht opfern – Nein beim unendlichen Gott! ich kann meinen Eid nicht verletzen, der mich laut wie des Himmels Donner aus diesem brechenden Auge mahnt – Lady blick hieher – hieher du Rabenvater – Ich soll diesen Engel würgen? Die Hölle soll ich in diesen himmlischen Busen schütten? *mit Entschluß auf sie zueilend* Ich will sie führen vor des Weltrichters Thron, und ob meine Liebe Verbrechen ist, soll der Ewige sagen. *er faßt sie bei der Hand, und hebt sie vom Sessel* Fasse Mut meine Teuerste! – Du hast gewonnen. Als Sieger komm ich aus dem gefährlichsten Kampf zurück.

LOUISE Nein! Nein! Verhehle mir nichts. Sprich es aus das entsetzliche Urteil. Deinen Vater nanntest du? Du nanntest die Lady? – Schauer des Todes ergreifen mich – Man sagt, sie wird heiraten.

FERDINAND *stürzt betäubt zu Louisens Füßen nieder:* Mich, Unglückselige!

LOUISE *nach einer Pause, mit stillem bebenden Ton und schrecklicher Ruhe:* Nun – was erschreck ich denn? – der Alte Mann dort hat mirs ja oft gesagt – ich hab es ihm nie glauben wollen *Pause, dann wirft sie sich Millern laut weinend in den Arm* Vater, hier ist deine Tochter wieder – Verzeihung Vater – Dein Kind kann ja nicht dafür, daß dieser Traum so schön war, und – – so fürchterlich jetzt das Erwachen – –

MILLER Louise! Louise! – O Gott sie ist von sich – Meine Tochter, mein armes Kind – Fluch über den Verführer! – Fluch über das Weib, das ihm kuppelte*!

das ihm Kupplerdienste erwies

FRAU *wirft sich jammernd auf Louisen:* Verdien ich diesen Fluch, meine Tochter? Vergebs Ihnen Gott, Baron – Was hat dieses Lamm getan, daß Sie es würgen?

FERDINAND *springt an ihr auf, voll Entschlossenheit:* Aber ich will seine Kabalen durchbohren – durchreißen will ich alle diese eiserne Ketten des Vorurteils – Frei wie ein Mann will ich wählen, daß diese Insektenseelen am Riesenwerk meiner Liebe hinaufschwindeln* *er will fort*

beim Hinaufschauen vom Schwindel erfasst werden

LOUISE *zittert vom Sessel auf, folgt ihm:* Bleib! Bleib! Wohin willst du? – Vater – Mutter – in dieser bangen Stunde verläßt er uns?

FRAU *eilt ihm nach, hängt sich an ihn:* Der Präsident wird hieher kommen – Er wird unser Kind mißhandeln – Er wird uns mißhandeln – Herr von Walter, und Sie verlassen uns?

MILLER *lacht wütend:* Verläßt uns! Freilich! Warum nicht? – Sie gab ihm ja alles hin! *mit der einen Hand den Major, mit der andern Louisen fassend* Geduld Herr! der Weg aus meinem Hause geht nur über Diese da – Erwarte erst deinen Vater, wenn du kein Bube* bist – Erzähl es ihm, wie du dich in ihr Herz stahlst, Betrüger, oder bei Gott *ihm seine Tochter zuschleudernd, wild und heftig* Du sollst mir zuvor diesen wimmernden Wurm zertreten, den Liebe zu Dir so zu Schanden richtete.

hier: Spitzbube, Schurke

FERDINAND *kommt zurück, und geht auf und ab in tiefen Gedanken:* Zwar die Gewalt des Präsidenten ist groß – Vaterrecht ist ein weites Wort – der Frevel selbst kann sich in seinen Falten verstecken – er kann es weit damit treiben – Weit! – Doch aufs äußerste treibts nur die Liebe – Hier Louise! Deine Hand in die meinige *er faßt diese heftig* So wahr mich Gott im letzten Hauch nicht verlassen soll! – Der Augenblick, der diese zwo Hände trennt, zerreißt auch den Faden zwischen Mir und der Schöpfung.

LOUISE Mir wird bange! Blick weg! Deine Lippen beben. Dein Auge rollt fürchterlich –

FERDINAND Nein Louise. Zittre nicht. Es ist nicht Wahnsinn was aus mir redet. Es ist das köstliche Geschenk des Himmels, Entschluß in dem geltenden* Augenblick, wo die gepreßte Brust nur durch etwas Unerhörtes sich Luft macht – Ich liebe dich Louise – Du sollst mir bleiben, Louise – Jetzt zu meinem Vater *er eilt schnell fort und rennt – gegen den Präsidenten.*

entscheidenden

Sechste Szene

Der Präsident mit einem Gefolge von Bedienten. Vorige.

PRÄSIDENT *im Hereintreten:* Da ist er schon.

ALLE *erschrocken.*

FERDINAND *weicht einige Schritte zurücke:* Im Hause der Unschuld.

PRÄSIDENT Wo der Sohn Gehorsam gegen den Vater lernt?

FERDINAND Lassen Sie uns das – –

PRÄSIDENT *unterbricht ihn, zu Millern:* Er ist der Vater?

MILLER Stadtmusikant Miller.

PRÄSIDENT *zur Frau:* Sie die Mutter?

FRAU Ach ja! die Mutter.

FERDINAND *zu Millern:* Vater, bring er die Tochter weg – Sie droht eine Ohnmacht.

PRÄSIDENT Überflüssige Sorgfalt. Ich will sie ⌜anstreichen⌝ *zu Louisen* Wie lang kennt Sie den Sohn des Präsidenten?

LOUISE ⌜Diesem habe ich nie nachgefragt.⌝ Ferdinand von Walter besucht mich seit dem November.

FERDINAND Betet sie an.

PRÄSIDENT Erhielt Sie Versicherungen*?

Liebesgeständnisse, Treueschwüre und das Eheversprechen

FERDINAND Vor wenig Augenblicken die feierlichst im Angesicht Gottes.

PRÄSIDENT *zornig zu seinem Sohn:* Zur Beichte deiner Torheit wird man dir schon das Zeichen geben *zu Louisen* Ich warte auf Antwort.

LOUISE Er schwur mir Liebe.

FERDINAND Und wird sie halten.

PRÄSIDENT Muß ich befehlen, daß du schweigst? – Nahm Sie den Schwur an?

LOUISE *zärtlich:* Ich erwiderte ihn.

FERDINAND *mit fester Stimme:* Der Bund ist geschlossen.

PRÄSIDENT Ich werde das Echo* hinauswerfen lassen *boshaft zu Louisen* Aber er bezahlte Sie doch jederzeit bar?

den durch seine Einsprüche störenden Ferdinand

LOUISE *aufmerksam:* Diese Frage verstehe ich nicht ganz.

PRÄSIDENT *mit beißendem Lachen:* Nicht? Nun! ich meine nur – Jedes Handwerk hat, wie man sagt, seinen goldenen Boden – auch Sie, hoff ich, wird ihre Gunst nicht verschenkt haben – oder wars Ihr vielleicht mit dem bloßen Verschluß* gedient? Wie?

Geschlechtsakt

FERDINAND *fährt wie rasend auf:* Hölle! was war das?

LOUISE *zum Major mit Würde und Unwillen:* Herr von Walter, ⌜jetzt sind Sie frei⌝.

gebührt der

FERDINAND Vater! Ehrfurcht befiehlt die* Tugend auch im Bettlerkleid.

PRÄSIDENT *lacht lauter:* Eine lustige Zumutung! Der Vater soll die Hure des Sohns respektieren.

LOUISE *stürzt nieder:* O Himmel und Erde!

Ich schuldete Ihnen, weil Sie mir das Leben gaben, ein Leben.

FERDINAND *mit Louisen zu gleicher Zeit, indem er den Degen nach dem Präsidenten zückt, den er aber schnell wieder sinken läßt:* Vater! Sie hatten einmal ein Leben an mich zu fodern* – Es ist bezahlt *den Degen einsteckend* Der Schuldbrief der kindlichen Pflicht liegt zerrissen da –

vor

liederliches Weib

der dafür festgesetzte Preis

Höflichkeitsformel

MILLER *der bis jetzt furchtsam auf der Seite gestanden, tritt hervor in Bewegung, wechselsweis für* Wut mit den Zähnen knirschend, und für Angst damit klappernd:* Ewr Exzellenz – Das Kind ist des Vaters Arbeit – Halten zu Gnaden – Wer das Kind eine Mähre* schilt, schlägt den Vater an's Ohr, und Ohrfeig um Ohrfeig – Das ist so Tax* bei uns – Halten zu Gnaden*.

FRAU Hilf Herr und Heiland! – Jetzt bricht auch der Alte los – über unserm Kopf wird das Wetter zusammenschlagen.

PRÄSIDENT *der es nur halb gehört hat:* Regt sich der Kuppler auch? – Wir sprechen uns gleich Kuppler.

langsames Musikstück

MILLER Halten zu Gnaden. Ich heiße Miller, wenn Sie ein Adagio* hören wollen – mit Buhlschaften dien ich nicht. So lang der Hof da noch Vorrat hat, kommt die Lieferung nicht an uns Bürgersleut'. Halten zu Gnaden.

FRAU Um des Himmels willen, Mann! Du bringst Weib und Kind um.

FERDINAND Sie spielen hier eine Rolle mein Vater, wobei Sie sich wenigstens die Zeugen hätten ersparen können.

MILLER *kommt ihm näher, herzhafter:* Teutsch und verständlich. Halten zu Gnaden. Ewr Exzellenz schalten und walten im Land. Das ist meine Stube. Mein devotestes Kompliment*, wenn ich dermaleins ein pro memoria* bringe, aber den ungehobelten Gast werf ich zur Tür hinaus – Halten zu Gnaden.

untertänigste Empfehlung

Bittschrift

PRÄSIDENT *vor Wut blaß:* Was? – Was ist das? *tritt ihm näher*

MILLER *zieht sich sachte zurück:* Das war nur so meine Meinung, Herr – Halten zu Gnaden.

PRÄSIDENT *in Flammen:* Ha Spitzbube! In's Zuchthaus spricht dich deine vermessene Meinung – Fort! Man soll Gerichtsdiener holen *einige vom Gefolg gehen ab; Der Präsident rennt voll Wut durch das Zimmer* Vater ins Zuchthaus – an den Pranger, Mutter und Metze* von Tochter! – Die Gerechtigkeit soll meiner Wut ihre Arme borgen. Für diesen Schimpf muß ich schreckliche Genugtuung haben – Ein solches Gesindel sollte meine Plane* zerschlagen, und ungestraft Vater und Sohn aneinander hetzen? – Ha Verfluchte! Ich will meinen Haß an eurem Untergang sättigen, die ganze Brut, Vater, Mutter und Tochter, will ich meiner brennenden Rache opfern.

Hure

Pläne

FERDINAND *tritt gelassen und standhaft unter sie hin:* O nicht doch! Seid außer Furcht! Ich bin zugegen *zum Präsidenten mit Unterwürfigkeit* Keine Übereilung mein Vater! Wenn Sie sich selbst lieben, keine Gewalttätigkeit – Es gibt eine Gegend in meinem Herzen, worin das Wort Vater noch nie gehört worden ist – Dringen Sie nicht bis in diese.

PRÄSIDENT Nichtswürdiger! Schweig! Reize meinen Grimm nicht noch mehr.

MILLER *kommt aus einer dumpfen Betäubung zu sich selbst:* Schau du nach deinem Kinde, Frau. Ich laufe zum Herzog. Der Leibschneider* – das hat mir Gott eingeblasen! – Der Leibschneider lernt die Flöte bei mir. Es kann mir nicht fehlen* beim Herzog *er will gehen*

der Schneider des Fürsten

fehlschlagen

PRÄSIDENT Beim Herzog sagst du? – Hast du vergessen, daß ich die Schwelle bin, worüber du springen oder den Hals brechen mußt? – Beim Herzog du Dummkopf? – Versuch' es, wenn du, lebendig tot, eine Turmhöhe tief, unter dem Boden im Kerker liegst, wo die Nacht mit der Hölle liebäugelt, und Schall und Licht wieder umkehren, raßle dann mit deinen Ketten und wimmre: Mir ist zuviel geschehen!

Siebente Szene

Gerichtsdiener. Die Vorigen.

FERDINAND *eilt auf Louisen zu, die ihm halb tot in den Arm fällt:* Louise! Hilfe! Rettung! Der Schrecken überwältigte sie.

MILLER *ergreift sein spanisches Rohr, setzt den Hut auf, und macht sich zum Angriff gefaßt.*

FRAU *wirft sich auf die Knie vor den Präsident*

PRÄSIDENT *zu den Gerichtsdienern, seinen Orden entblößend:* Legt Hand an im Namen des Herzogs – Weg von der Metze, Junge – Ohnmächtig oder nicht – Wenn sie nur erst das eiserne Halsband* um hat, wird man sie schon mit ⌜Steinwürfen⌝ aufwecken.

Damit wurden Verurteilte an den Pranger gekettet.

FRAU Erbarmung Ihro Exzellenz! Erbarmung! Erbarmung!

MILLER *reißt seine Frau in die Höhe:* Knie vor Gott alte Heulhure, und nicht vor – – Schelmen, weil ich ja doch schon ins Zuchthaus muß.

PRÄSIDENT *beißt die Lippen:* Du kannst dich verrechnen,

Bube. Es stehen noch Galgen leer *zu den Gerichtsdienern* Muß ich es noch einmal sagen?

GERICHTSDIENER *dringen auf Louisen ein*

FERDINAND *springt an ihr auf, und stellt sich vor sie, grimmig:* Wer will was? *Er zieht den Degen samt der Scheide, und wehrt sich mit dem Gefäß** Wag es, sie anzurühren, ⌜wer nicht auch die Hirnschale an die Gerichte vermietet hat⌝ *zum Präsidenten* Schonen sie Ihrer selbst. Treiben Sie mich nicht weiter mein Vater.

hier: Griff des Degens

PRÄSIDENT *drohend zu den Gerichtsdienern:* Wenn euch euer Brot lieb ist, Memmen* –

Feiglinge

GERICHTSDIENER *greifen Louisen wieder an*

FERDINAND Tod und alle Teufel! Ich sage: Zurück – Noch einmal. Haben Sie Erbarmen mit sich selbst. Treiben Sie mich nicht aufs äußerste, Vater.

PRÄSIDENT *aufgebracht zu den Gerichtsdienern:* Ist das euer Diensteifer, Schurken?

GERICHTSDIENER *greifen hitziger an*

FERDINAND Wenn es denn sein muß *indem er den Degen zieht, und einige von denselben verwundet* so verzeih mir, Gerechtigkeit!

PRÄSIDENT *voll Zorn:* Ich will doch sehen, ob auch ich diesen Degen fühle *er faßt Louisen selbst, zerrt sie in die Höh und übergibt sie einem Gerichtsknecht*

FERDINAND *lacht erbittert:* Vater, Vater, Sie machen hier ein beißendes Pasquill* auf die Gottheit, die sich so übel auf ihre Leute verstund, und aus vollkommenen Henkersknechten schlechte Minister machte.

Schmäh- oder Spottschrift

PRÄSIDENT *zu den übrigen:* Fort mit ihr!

FERDINAND Vater, sie soll an den Pranger stehn, aber mit dem Major, des Präsidenten Sohn – Bestehen Sie noch darauf?

PRÄSIDENT Desto possierlicher* wird das Spektakel – Fort!

drolliger

FERDINAND Vater! ich werfe meinen Offiziers-Degen auf das Mädchen – Bestehen Sie noch darauf?

die Degenquaste als Symbol für die Offiziersehre

PRÄSIDENT Das Port d'Epee* ist an Deiner Seite des Prangerstehens gewohnt worden – Fort! Fort! Ihr wißt meinen Willen.

FERDINAND *drückt einen Gerichtsiener weg, faßt Louisen mit einem Arm, mit dem andern zückt er den Degen auf sie:* Vater! Eh Sie meine Gemahlin beschimpfen, durchstoß ich sie – Bestehen Sie noch darauf?

wenn du den Mut hast

PRÄSIDENT Tu es, wenn deine Klinge auch spitzig ist*.

FERDINAND *läßt Louisen fahren, und blickt fürchterlich zum Himmel:* Du Allmächtiger bist Zeuge! Kein menschliches Mittel ließ ich unversucht – ich muß zu einem teuflischen schreiten – Ihr führt sie zum Pranger fort, unterdessen *zum Präsidenten in's Ohr rufend* erzähl' ich der Residenz eine Geschichte, wie man Präsident wird *ab*

frei

PRÄSIDENT *Wie vom Blitz gerührt:* Was ist das? – Ferdinand – Laßt sie ledig* *er eilt dem Major nach*

Dritter Akt

Erste Szene

Saal beim Präsidenten.
Der Präsident und Sekretair Wurm kommen.

PRÄSIDENT Der Streich* war verwünscht.

Anschlag

WURM Wie ich befürchtete gnädiger Herr. Zwang erbittert die Schwärmer immer, aber bekehrt sie nie.

PRÄSIDENT Ich hatte mein bestes Vertrauen in diesen Anschlag gesetzt. Ich urteilte so: Wenn das Mädchen beschimpft wird, muß er, als Offizier, zurücktreten.

WURM Ganz vortrefflich. Aber zum Beschimpfen hätt' es auch kommen sollen.

PRÄSIDENT Und doch – wenn ich es jetzt mit kaltem Blut überdenke – Ich hätte mich nicht sollen eintreiben* lassen. Es war eine Drohung, woraus er wohl nimmermehr Ernst gemacht hätte.

in die Enge treiben

WURM Das denken Sie ja nicht. Der gereizten Leidenschaft ist keine Torheit zu bunt. Sie sagen mir, der Herr Major habe immer den Kopf zu ihrer Regierung geschüttelt. Ich glaubs. Die Grundsätze, die er aus Akademien* hieherbrachte, wollten mir gleich nicht recht einleuchten. Was sollten auch die phantastischen Träumereien von Seelengröße und ⌜persönlichem Adel⌝ an einem Hof, wo die größte Weisheit diejenige ist, im rechten Tempo, auf eine geschickte Art, Groß und Klein zu sein. Er ist zu jung und zu feurig, um Geschmack am langsamen krummen Gang der Kabale zu finden, und nichts wird seine Ambition* in Bewegung setzen, als was groß ist und abenteuerlich.

Universitäten

Ehrgeiz

PRÄSIDENT *verdrüßlich:* Aber was wird diese wohlweise Anmerkung an unserm Handel verbessern?

WURM Sie wird Ewr. Exzellenz auf die Wunde hin weisen,

und auch vielleicht auf den Verband. Einen solchen Charakter – erlauben Sie – hätte man entweder nie zum Vertrauten, oder niemals zum Feind machen sollen. Er verabscheut das Mittel, wodurch Sie gestiegen sind. Vielleicht war es bis jetzt nur der Sohn, der die Zunge des Verräters band. Geben Sie ihm Gelegenheit, jenen rechtmäßig abzuschütteln. ⌜Machen Sie ihn durch wiederholte Stürme auf seine Leidenschaft glauben, daß Sie der zärtliche Vater nicht sind, so dringen die Pflichten des Patrioten bei ihm vor.⌝ Ja, schon allein die seltsame Phantasie, der Gerechtigkeit ein so merkwürdiges Opfer zu bringen, könnte Reiz genug für ihn haben, selbst seinen Vater zu stürzen.

PRÄSIDENT Wurm – Wurm – Er führt mich da vor einen entsetzlichen Abgrund.

WURM Ich will Sie zurückführen, gnädiger Herr. Darf ich freimütig reden?

PRÄSIDENT *indem er sich niedersetzt:* Wie ein Verdammter zum Mitverdammten.

WURM Also verzeihen Sie – Sie haben, dünkt mich, der biegsamen Hofkunst* den ganzen Präsidenten zu danken, warum vertrauten Sie ihr nicht auch den Vater an? Ich besinne mich, mit welcher Offenheit Sie ihren Vorgänger damals zu einer Partie Piquet* beredeten, und bei ihm die halbe Nacht mit freundschaftlichem Burgunder hinwegschwemmten, und das war doch die nämliche Nacht wo die große Mine losgehen, und den guten Mann in die Luft blasen sollte – Warum zeigten Sie ihrem Sohne den Feind? Nimmermehr hätte dieser erfahren sollen, daß ich um seine Liebesangelegenheit wisse. Sie hätten den Roman* von Seiten des Mädchens unterhöhlt, und das Herz ihres Sohnes behalten. Sie hätten den klugen General gespielt, der den Feind nicht am Kern seiner Truppen faßt, sondern Spaltungen unter den Gliedern stiftet.

Hofkunst: Ihrem Geschick, die Gunst des Hofs zu erlangen und zu halten

Piquet: Kartenspiel für zwei Personen

Roman: romanhafte Liebesgeschichte

PRÄSIDENT Wie war das zu machen?

WURM Auf die einfachste Art – und die Karten sind noch nicht ganz vergeben. Unterdrücken Sie eine Zeitlang, daß Sie Vater sind. Messen Sie sich mit einer Leidenschaft nicht, die jeder Widerstand nur mächtiger machte – Überlassen Sie es mir, an ihrem eigenen Feuer den Wurm auszubrüten, der sie zerfrißt.

PRÄSIDENT Ich bin begierig.

WURM Ich müßte mich schlecht auf den Barometer der Seele verstehen, oder der Herr Major ist in der Eifersucht schrecklich, wie in der Liebe. Machen Sie ihm das Mädchen verdächtig – – Wahrscheinlich oder nicht. Ein Gran* Hefe reicht hin, die ganze Masse in eine zerstörende Gärung zu jagen.

Korn, kleinste Gewichtseinheit der Apothekerwaage

PRÄSIDENT Aber woher diesen Gran nehmen?

WURM Da sind wir auf dem Punkt – Vor allen Dingen, gnädiger Herr, erklären Sie sich mir, wie viel Sie bei der fernern Weigerung des Majors auf dem Spiel haben – in welchem Grade es ihnen wichtig ist, den Roman mit dem Bürgermädchen zu endigen, und die Verbindung mit Lady Milford zu Stand zu bringen?

PRÄSIDENT Kann er noch fragen Wurm? – Mein ganzer Einfluß ist in Gefahr, wenn die Partie* mit der Lady zurückgeht, und wenn ich den Major zwinge, mein Hals.

wenn die Heirat nicht zustande kommt

WURM *munter:* Jetzt haben Sie die Gnade und hören. – Den Herrn Major umspinnen wir mit List. Gegen das Mädchen nehmen wir ihre ganze Gewalt zu Hilfe. Wir diktieren ihr ein Billetdoux* an eine dritte Person in die Feder, und spielen das mit guter Art dem Major in die Hände.

Liebesbrief

PRÄSIDENT Toller Einfall! Als ob Sie sich so geschwind hin bequemen würde, ihr eigenes Todesurteil zu schreiben?

WURM Sie muß, wenn Sie mir freie Hand lassen wollen. Ich kenne das gute Herz auf und nieder. Sie hat nicht mehr als zwo tödliche Seiten, durch welche wir ihr Gewissen bestürmen können – ihren Vater und den Major. Der letztere bleibt ganz und gar aus dem Spiel, desto freier können wir mit dem Musikanten umspringen.

PRÄSIDENT Als zum Exempel?

WURM Nach dem, was Ewr. Exzellenz mir von dem Auftritt in seinem Hause gesagt haben, wird nichts leichter sein, als den Vater mit einen Halsprozeß* zu bedrohen. Die Person des Günstlings und ⌜Siegelbewahrers⌝ ist gewissermaßen der Schatten der Majestät – Beleidigungen gegen jenen sind Verletzungen dieser – Wenigstens will ich den armen Schächer* mit diesem zusammengeflickten Kobold durch ein ⌜Nadelöhr⌝ jagen*.

Prozess, in dem die Todesstrafe droht.

armer Kerl

mit diesem Schreckgespenst gefügig machen

PRÄSIDENT Doch – ernsthaft dürfte der Handel nicht werden.

WURM Ganz und gar nicht – Nur in so weit als es nötig ist, die Familien in die Klemme zu treiben – Wir setzen also in aller Stille den Musikus fest – Die Not um so dringender zu machen, könnte man auch die Mutter mitnehmen, – sprechen von ⌜peinlicher Anklage⌝, von Schafott*, von ewiger Festung*, und machen den *Brief der Tochter* zur einzigen Bedingnis seiner Befreiung.

Hinrichtungsstätte

lebenslänglicher Festungshaft

PRÄSIDENT Gut! Gut! Ich verstehe.

WURM Sie liebt ihren Vater – bis zur Leidenschaft möcht ich sagen. Die Gefahr seines Lebens – seiner Freiheit zum mindesten – Die Vorwürfe ihres Gewissens den Anlaß dazu gegeben zu haben – Die Unmöglichkeit, den Major zu besitzen – endlich die Betäubung ihres Kopfs, die ich auf *mich* nehme – Es kann nicht fehlen* – Sie *muß* in die Falle gehn.

missglücken

PRÄSIDENT Aber mein Sohn? Wird der nicht auf der Stelle Wind davon haben? Wird er nicht wütender werden?

WURM Das lassen Sie *meine* Sorge sein, gnädiger Herr – Vater und Mutter werden nicht eher frei gelassen, bis die ganze Familie einen ⌜körperlichen Eid⌝ darauf abgelegt, den ganzen Vorgang geheim zu halten, und den Betrug zu bestätigen.

PRÄSIDENT Einen Eid? Was wird ein Eid fruchten, Dummkopf?

WURM Nichts bei uns gnädiger Herr. Bei dieser Menschenart alles – Und sehen Sie nun, wie schön wir beide auf diese Manier zum Ziel kommen werden – Das Mädchen verliert die Liebe des Majors, und den Ruf ihrer Tugend. Vater und Mutter ziehen gelindere Saiten auf*, und durch und durch weich gemacht von Schicksalen dieser Art, erkennen sie's noch zuletzt für Erbarmung, wenn ich der Tochter durch meine Hand ihre Reputation* wieder gebe.

nachsichtiger werden

guter Ruf, gesellschaftliches Ansehen

PRÄSIDENT *lacht unter Kopfschütteln:* Ja! ich gebe mich dir überwunden, Schurke. Das Geweb ist satanisch fein: Der Schüler übertrifft seinen Meister – – Nun ist die Frage, an Wen das Billet muß gerichtet werden? Mit Wem wir sie in Verdacht bringen müssen?

WURM Notwendig mit jemand, der durch den Entschluß Ihres Sohnes alles gewinnen oder alles verlieren muß.

PRÄSIDENT *nach einigem Nachdenken:* Ich weiß nur den Hofmarschall.

WURM *zuckt die Achseln:* Mein Geschmack wär er nun freilich nicht, wenn ich Louise Millerin hieße.

PRÄSIDENT Und warum nicht? Wunderlich! Eine blendende Garderobe – eine Atmosphäre von Eau de mille fleurs* und Bisam – auf jedes alberne Wort eine handvoll Dukaten – und alles das sollte die Delikatesse* einer bürgerlichen Dirne nicht endlich bestechen können? – O guter Freund. So skrupulös* ist die Eifersucht nicht. Ich schicke zum Marschall. *klingelt*

Parfüm

hier: Zartgefühl

peinlich genau

WURM Unterdessen, daß Ewr Exzellenz dieses, und die Gefangennehmung des Geigers besorgen, werd ich hingehen, und den bewußten Liebesbrief aufsetzen.

PRÄSIDENT *zum Schreibpult gehend:* Den er mir zum Durchlesen heraufbringt, sobald er zu Stand* sein wird. *Wurm geht ab. Der Präsident setzt sich zu schreiben; ein*

fertig

Kammerdiener kommt; er steht auf, und gibt ihm ein Papier Dieser Verhaftsbefehl muß ohne Aufschub in die Gerichte – ein andrer von euch wird den Hofmarschall zu mir bitten.

KAMMERDIENER Der gnädige Herr sind so eben hier angefahren.

PRÄSIDENT Noch besser – Aber die Anstalten* sollen mit Vorsicht getroffen werden, sagt ihr, daß kein Aufstand* erfolgt.

die Vorkehrungen, die Millers zu verhaften
Aufsehen

KAMMERDIENER Sehr wohl, Ihr' Exzellenz.

PRÄSIDENT Versteht ihr? Ganz in der Stille.

KAMMERDIENER Ganz gut, Ihr' Exzellenz. *ab*

Zweite Szene

Der Präsident und der Hofmarschall.

HOFMARSCHALL *eilfertig**: Nur en passant* mein Bester – Wie leben Sie? Wie befinden Sie sich? – Heute Abend ist ⌜große Opera Dido⌝ – das süperbeste* Feuerwerk – ⌜eine ganze Stadt brennt zusammen⌝ – Sie sehen sie doch auch brennen? Was?

beflissen
ganz beiläufig
prächtigste

PRÄSIDENT Ich habe Feuerwerks genug in meinem eigenen Hause, das meine ganze Herrlichkeit in die Luft nimmt* – Sie kommen erwünscht, lieber Marschall, mir in einer Sache zu raten, tätig zu helfen, die uns beide poussiert* oder völlig zu Grund richtet. Setzen Sie sich.

hinwegfegt
voranbringt

HOFMARSCHALL Machen Sie mir nicht Angst, mein Süßer.

PRÄSIDENT Wie gesagt – poussiert oder ganz zu Grund richtet. Sie wissen mein Projekt* mit dem Major und der Lady. Sie begreifen auch, wie unentbehrlich es war, unser beider Glück zu fixieren. Es kann alles zusammenfallen Kalb. Mein Ferdinand will nicht.

Vorhaben

HOFMARSCHALL Will nicht – will nicht – ich habs ja in der ganzen Stadt schon herumgesagt. Die Mariage ist ja in Jedermanns Munde.

PRÄSIDENT Sie können vor der ganzen Stadt als Windmacher* da stehen. Er liebt eine andere.

Schwätzer

HOFMARSCHALL Sie scherzen. Ist das auch wohl ein Hindernis?

PRÄSIDENT Bei dem Trotzkopf das unüberwindlichste.

HOFMARSCHALL Er sollte so wahnsinnig sein, und sein Fortune* von sich stoßen? Was?

Glück

PRÄSIDENT Fragen Sie ihn das und hören Sie, was er antwortet.

HOFMARSCHALL Aber mon Dieu!* Was kann er denn antworten?

Aber mein Gott!

PRÄSIDENT Daß er der ganzen Welt das Verbrechen entdecken wolle, wodurch wir gestiegen sind – daß er unsere falschen Briefe und Quittungen angeben – daß er uns beide an's Messer liefern wolle – Das kann er antworten.

HOFMARSCHALL Sind Sie von Sinnen?

PRÄSIDENT Das hat er geantwortet. Das war er schon Willens ins Werk zu richten* – Davon hab ich ihn kaum noch durch meine höchste Erniedrigung abgebracht. Was wissen Sie hierauf zu sagen?

es zu tun

HOFMARSCHALL *mit einem Schafsgesicht:* Mein Verstand steht still.

PRÄSIDENT Das könnte noch hingehen. Aber zugleich hinterbringen mir meine Spionen, daß der ⌜Oberschenk⌝ von Bok auf dem Sprunge sei, um die Lady zu werben.

HOFMARSCHALL Sie machen mich rasend. Wer sagen Sie? Von Bok sagen Sie? – Wissen Sie denn auch, daß wir Todfeinde zusammen sind? Wissen Sie auch, warum wir es sind?

PRÄSIDENT Das erste Wort, das ich höre.

HOFMARSCHALL Bester! Sie werden hören und aus der Haut werden Sie fahren – Wenn Sie sich noch des Hofballs entsinnen – – es geht jetzt ins ein und zwanzigste Jahr – wissen Sie, worauf man den ersten ⌜Englischen⌝

ein langer, schwarzer Umhang mit Kapuze

tanzte, und dem Grafen von Meerschaum das heiße Wachs von einem Kronleuchter auf den Domino* tröpfelte – Ach Gott! das müssen Sie freilich noch wissen!

PRÄSIDENT Wer könnte so was vergessen?

Aufregung

Ballsaal

Dank

HOFMARSCHALL Sehen Sie! Da hatte Prinzessin Amalie in der Hitze des Tanzes ein Strumpfband verloren. – Alles kommt, wie begreiflich ist, in Alarm* – von Bok und Ich – Wir waren noch ⌜Kammerjunker⌝ – wir kriechen durch den ganzen Redoutensaal*, das Strumpfband zu suchen – endlich erblick Ichs – von Bok merkst – von Bok darauf zu – reißt es mir aus den Händen – ich bitte Sie! – bringts der Prinzessin und schnappt mir glücklich das Kompliment* weg – Was denken Sie?

Unerhört!

PRÄSIDENT Impertinent!*

Arglist

HOFMARSCHALL Schnappt mir das Kompliment weg – Ich meine in Ohnmacht zu sinken. Eine solche Malice* ist gar nicht erlebt worden. – Endlich ermann ich mich, nähere mich Ihrer Durchlaucht und spreche: Gnädigste Frau! von Bok war so glücklich, Hochstdenenselben das Strumpfband zu überreichen, aber wer das Strumpfband zuerst erblickte, belohnt sich in der Stille und schweigt.

PRÄSIDENT Bravo Marschall! Bravissimo!

HOFMARSCHALL Und schweigt – Aber ich werds dem von Bok bis zum jüngsten Gerichte noch nachtragen – der niederträchtige kriechende Schmeichler! – und das war noch nicht genug – Wie wir beide zugleich auf das Strumpfband zu Boden fallen, wischt mir von Bok an der rechten Frisur allen Puder weg, und ich bin ruiniert auf den ganzen Ball.

PRÄSIDENT Das ist der Mann, der die Milford heuraten, und die erste Person am Hof werden wird.

HOFMARSCHALL Sie stoßen mir ein Messer ins Herz. Wird? Wird? Warum wird er? Wo ist die Notwendigkeit?

PRÄSIDENT Weil mein Ferdinand nicht will, und sonst keiner sich meldet.

HOFMARSCHALL Aber wissen Sie denn gar kein einziges Mittel, den Major zum Entschluß zu bringen? – – Seis auch noch so bisarr*! so verzweifelt! – Was in der Welt kann so widrig sein, das uns jetzt nicht willkommen wäre, den verhaßten von Bok auszustechen?

absonderlich

PRÄSIDENT Ich weiß nur *eines*, und das bei Ihnen steht*.

hängt von Ihnen ab

HOFMARSCHALL Bei *mir* steht? Und das ist?

PRÄSIDENT Den Major mit seiner Geliebten zu entzweien.

HOFMARSCHALL Zu entzweien? Wie meinen Sie das? – und wie mach ich das?

PRÄSIDENT Alles ist gewonnen, sobald wir ihm das Mädchen verdächtig machen.

HOFMARSCHALL Daß sie *stehle*, meinen Sie?

PRÄSIDENT Ach Nein doch! wie glaubte er das? – daß sie es noch mit einem andern habe.

HOFMARSCHALL Dieser andre?

PRÄSIDENT Müßten *Sie* sein, Baron.

HOFMARSCHALL Ich sein? Ich? – Ist sie von Adel?

PRÄSIDENT Wozu das? Welcher Einfall! – eines Musikanten Tochter.

HOFMARSCHALL Bürgerlich also? Das wird nicht angehen. Was?

PRÄSIDENT Was wird nicht angehen? Narrenspossen! Wem unter der Sonne wird es einfallen, ein paar runde Wangen nach dem Stammbaum zu fragen?

HOFMARSCHALL Aber bedenken Sie doch, ein Ehmann! Und meine Reputation* bei Hofe!

Ruf

PRÄSIDENT Das ist was anders. Verzeihen Sie. Ich hab das noch nicht gewußt, daß Ihnen der *Mann von unbescholtenen Sitten* mehr ist als *der von Einfluß*. Wollen wir abbrechen?

HOFMARSCHALL Seien Sie klug Baron. Es war ja nicht *so* verstanden.

PRÄSIDENT *frostig:* Nein – nein! Sie haben vollkommen recht. Ich bin es auch müde. Ich lasse den Karren stehen. Dem von Bok wünsch ich Glück zum Premierminister. Die Welt ist noch anderswo. Ich fodre meine Entlassung vom Herzog.

HOFMARSCHALL Und Ich: – Sie haben gut schwatzen, Sie! Sie sind ein Stuttierter*! Aber Ich: – Mon Dieu! Was bin dann ich, wenn mich Seine Durchleucht entlassen?

Studierter, Akademiker

PRÄSIDENT Ein Bonmot* von Vorgestern. Die Mode vom vorigen Jahr.

geistreiche Bemerkung

HOFMARSCHALL Ich beschwöre Sie, Teurer, Goldner! – Ersticken Sie diesen Gedanken! Ich will mir ja alles gefallen lassen.

PRÄSIDENT Wollen Sie ihren Namen zu einem Rendezvous hergeben, den Ihnen diese Millerin schriftlich vorschlagen soll?

HOFMARSCHALL Im Namen Gottes! Ich will ihn hergeben.

PRÄSIDENT Und den Brief irgend wo herausfallen lassen, wo er dem Major zu Gesicht kommen muß.

HOFMARSCHALL Zum Exempel auf der Parade will ich ihn als von Ohngefehr*, mit dem Schnupftuch herausschleudern?

wie zufällig

PRÄSIDENT Und die Rolle ihres Liebhabers gegen den Major behaupten?

HOFMARSCHALL Mort de ma vie!* Ich will ihn schon waschen*! Ich will dem Naseweis den Appetit nach meinen Amouren* verleiden.

Bei meinem Leben!
ihm zusetzen
Liebesabenteuern

PRÄSIDENT Nun gehts nach Wunsch. Der Brief muß noch heute geschrieben sein. Sie müssen vor Abend noch her kommen, ihn abzuholen, und ihre Rolle mit mir zu berichtigen*.

besprechen

HOFMARSCHALL Sobald ich sechszehn Visiten werde gegeben haben, die von allerhöchster Importance* sind. Verzeihen Sie also, wenn ich mich ohne Aufschub beurlaube* *geht*

Wichtigkeit
entferne

PRÄSIDENT *klingelt:* Ich zähle auf Ihre Verschlagenheit, Marschall.

HOFMARSCHALL *ruft zurück:* Ah mon Dieu! Sie kennen mich ja.

Dritte Szene

Der Präsident und Wurm.

WURM Der Geiger und seine Frau sind glücklich und ohne alles Geräusch in Verhaft gebracht. Wollen Ewr. Exzellenz jetzt den Brief überlesen?

PRÄSIDENT *nachdem er gelesen:* Herrlich! Herrlich Sekretair! Auch der Marschall hat angebissen! – Ein Gift, wie das müßte die Gesundheit selbst in eiternden Aussatz verwandeln – Nun gleich mit den Vorschlägen zum Vater, und dann warm* zu der Tochter.

Gehen ab zu verschiedenen Seiten.

Zimmer in Millers Wohnung.

Vierte Szene

Louise und Ferdinand.

LOUISE Ich bitte dich, höre auf. Ich glaube an keine glückliche Tage mehr. Alle meine Hoffnungen sind gesunken.

FERDINAND So sind die meinigen gestiegen. Mein Vater ist aufgereizt. Mein Vater wird alle Geschütze gegen uns richten. Er wird mich zwingen, den unmenschlichen Sohn zu machen. Ich stehe nicht mehr für meine kindliche Pflicht. Wut und Verzweiflung werden mir das schwarze Geheimnis seiner Mordtat* erpressen. Der Sohn wird den Vater in die Hände des Henkers liefern – Es ist die höchste Gefahr – – und die höchste Gefahr

sofort

Der Präsident hat demnach seinen Vorgänger ermordet.

mußte da sein, wenn meine Liebe den Riesensprung wagen sollte. – – Höre Louise – ein Gedanke, groß und vermessen wie meine Leidenschaft drängt sich vor meine Seele – Du Louise und ich und die Liebe! – Liegt nicht in diesem Zirkel der ganze Himmel? oder brauchst du noch etwas Viertes dazu?

LOUISE Brich ab. Nichts mehr. Ich erblasse über das, was du sagen willst.

FERDINAND Haben wir an die Welt keine Foderung mehr, warum denn ihren Beifall erbetteln? Warum wagen, wo nichts gewonnen wird und alles verloren werden kann? – Wird dieses Aug nicht eben so schmelzend funkeln, ob es im Rhein oder in der Elbe sich spiegelt oder im baltischen Meer*? Mein Vaterland ist, wo mich Louise liebt. Deine Fußtapfe in wilden sandigten Wüsten mir interessanter, als das Münster* in meiner Heimat – Werden wir die Pracht der Städte vermissen? Wo wir sein mögen, Louise, geht eine Sonne auf, eine unter – Schauspiele, neben welchen der üppigste Schwung der Künste verblaßt. Werden wir Gott in keinem Tempel mehr dienen, so ziehet die Nacht mit begeisternden Schauern auf, der wechselnde Mond predigt uns Buße, und eine andächtige Kirche* von Sternen betet mit uns. Werden wir uns in Gesprächen der Liebe erschöpfen? – Ein Lächeln meiner Louise ist Stoff für Jahrhunderte, und der Traum des Lebens ist aus, bis ich diese Träne ergründe.

Ostsee

Dom

hier: Gemeinde

LOUISE Und hättest du sonst keine Pflicht mehr, als deine Liebe?

FERDINAND *sie umarmend:* Deine Ruhe ist meine heiligste.

LOUISE *sehr ernsthaft:* So schweig und verlaß mich – Ich habe einen Vater, der kein Vermögen hat, als diese einzige Tochter – der morgen sechzig alt wird – der der Rache des Präsidenten gewiß ist. –

FERDINAND *fällt rasch ein:* Der uns begleiten wird. Darum keinen Einwurf mehr, Liebe. Ich gehe, mache meine

Kostbarkeiten zu Geld, erhebe Summen auf meinen Vater*. Es ist erlaubt einen Räuber zu plündern, und sind seine Schätze nicht Blutgeld des Vaterlands? – Schlag ein Uhr um Mitternacht wird ein Wagen hier anfahren. Ihr werft euch hinein. Wir fliehen.

auf den Namen meines Vaters

LOUISE Und der Fluch deines Vaters uns nach? – ein Fluch Unbesonnener, den auch Mörder nie ohne Erhörung aussprechen, den die Rache des Himmels auch dem Dieb ⌜auf dem Rade⌝ hält, der uns Flüchtlinge, unbarmherzig, wie ein Gespenst, von Meer zu Meer jagen würde? – Nein mein Geliebter! Wenn nur ein Frevel dich mir erhalten kann, so hab ich noch Stärke, dich zu verlieren.

FERDINAND *steht still und murmelt düster:* Wirklich?

LOUISE Verlieren! – O ohne Grenzen entsetzlich ist der Gedanke – Gräßlich genug, den unsterblichen Geist zu durchbohren, und die glühende Wange der Freude zu bleichen – Ferdinand! dich zu verlieren! – Doch! Man verliert ja nur, was man besessen hat, und dein Herz gehört deinem Stande* – Mein Anspruch war Kirchenraub, und schauernd geb ich ihn auf.

dem Adelsstand

FERDINAND *das Gesicht verzerrt, und an der Unterlippe nagend:* Gibst du ihn auf.

LOUISE Nein! Sieh mich an lieber Walter. Nicht so bitter die Zähne geknirscht. Komm! Laß mich jetzt deinen sterbenden Mut durch mein Beispiel beleben. Laß mich die Heldin dieses Augenblicks sein – einem Vater den entflohenen Sohn wieder schenken – einem Bündnis entsagen, das die Fugen der Bürgerwelt auseinander treiben, und die allgemeine ewige Ordnung zu Grund stürzen würde – Ich bin die Verbrecherin – mit frechen törigten Wünschen hat sich mein Busen getragen – mein Unglück ist meine Strafe, so laß mir doch jetzt die süße schmeichelnde Täuschung, daß es mein Opfer war – Wirst du mir diese Wollust mißgönnen?

FERDINAND *hat in der Zerstreuung und Wut eine Violine*

ergriffen, und auf derselben zu spielen versucht – Jetzt zerreißt er die Saiten, zerschmettert das Instrument auf dem Boden, und bricht in ein lautes Glächter aus.

LOUISE Walter! Gott im Himmel! Was soll das? – Ermanne dich. Fassung verlangt diese Stunde – es ist eine trennende. Du hast ein Herz, lieber Walter. Ich kenne es. Warm wie das Leben ist deine Liebe, und ohne Schranken, wie's Unermeßliche – Schenke sie einer Edeln und Würdigern – sie wird die glücklichsten ihres Geschlechts nicht beneiden – – *Tränen unterdrückend* mich sollst du nicht mehr sehn – Das eitle betrogene Mädchen verweine seinen Gram in einsamen Mauren*, um seine Tränen wird sich niemand bekümmern – Leer und erstorben ist meine Zukunft – Doch werd ich noch je und je* am verwelkten Strauß der Vergangenheit riechen *indem sie ihm mit abgewandten Gesicht ihre zitternde Hand gibt* Leben Sie wohl Herr von Walter.

hinter Klostermauern

manchmal

FERDINAND *springt aus seiner Betäubung auf:* Ich entfliehe, Louise. Wirst du mir wirklich nicht folgen?

LOUISE *hat sich im Hintergrund des Zimmers niedergesetzt, und hält das Gesicht mit beiden Händen bedeckt:* Meine Pflicht heißt mich bleiben und dulden.

FERDINAND Schlange, du lügst. Dich fesselt was anders hier.

LOUISE *im Ton des tiefsten inwendigen Leidens:* Bleiben Sie bei dieser Vermutung – sie macht vielleicht weniger elend.

FERDINAND Kalte Pflicht gegen feurige Liebe! – Und mich soll das Märchen* blenden? – Ein Liebhaber fesselt dich, und Weh über dich und ihn, wenn mein Verdacht sich bestätigt *geht schnell ab.*

hier: Lüge

Fünfte Szene

LOUISE *allein.*
Sie bleibt noch eine Zeit lang ohne Bewegung und stumm in dem Sessel liegen, endlich steht sie auf, kommt vorwärts, und sieht furchtsam herum:

Wo meine Eltern bleiben? – Mein Vater versprach in wenigen Minuten zurück zu sein, und schon sind fünf volle fürchterliche Stunden vorüber – Wenn ihm ein Unfall – Wie wird mir? – Warum geht mein Odem* so ängstlich? Atem

Jetzt tritt Wurm in das Zimmer, und bleibt im Hintergrund stehen, ohne von ihr bemerkt zu werden

Es ist nichts wirkliches – Es ist nichts als das schaudernde Gaukelspiel des erhitzten Geblüts* – Hat unsre Seele nur einmal Entsetzen genug in sich getrunken, so wird das Aug in jedem Winkel Gespenster sehn. Blutes; der erhitzten Phantasie

Sechste Szene

Louise und Sekretair Wurm.

WURM *kommt näher:* Guten Abend Jungfer.

LOUISE Gott! Wer spricht da? *sie dreht sich um, wird den Sekretair gewahr, und tritt erschrocken zurück* Schrecklich! Schrecklich! Meiner ängstlichen Ahndung eilt schon die unglückseligste Erfüllung nach! *zum Sekretair mit einem Blick voll Verachtung* Suchen Sie etwa den Präsidenten? Er ist nicht mehr da.

WURM Jungfer, ich suche Sie.

LOUISE So muß ich mich wundern, daß Sie nicht nach dem Marktplatz gingen.

WURM Warum eben dahin?

LOUISE Ihre Braut von der Schandbühne* abzuholen. vom Pranger

WURM Mamsell Millerin, Sie haben einen falschen Verdacht –

LOUISE *unterdrückt eine Antwort:* Was steht Ihnen zu Diensten?

WURM Ich komme, geschickt von Ihrem Vater.

LOUISE *bestürzt:* Von meinem Vater? – Wo ist mein Vater?

WURM Wo er nicht gern ist.

LOUISE Um Gotteswillen! Geschwind! Mich befällt eine üble Ahndung – Wo ist mein Vater?

Gefängnisturm

WURM Im Turm*, wenn Sie es ja wissen wollen.

LOUISE *mit einem Blick zum Himmel:* Das noch! das auch noch! – – Im Turm? Und warum im Turm?

WURM Auf Befehl des Herzogs.

LOUISE Des Herzogs?

WURM Der die Verletzung der Majestät in der Person seines Stellvertreters –

LOUISE Was? Was? O ewige Allmacht!

bestrafen

WURM Auffallend zu ahnden* beschlossen hat.

LOUISE Das war noch übrig! Das! – freilich, freilich, mein Herz hatte noch außer dem Major etwas teures – Das durfte nicht übergangen werden – Verletzung der Majestät – Himmlische Vorsicht! Rette, o rette meinen sinkenden Glauben! – und Ferdinand?

WURM Wählt Lady Milford oder Fluch und Enterbung.

LOUISE Entsetzliche Freiheit! – und doch – doch ist er glücklicher. Er hat keinen Vater zu verlieren. Zwar keinen haben ist Verdammnis genug! – Mein Vater auf Verletzung der Majestät – mein Geliebter die Lady oder Fluch und Enterbung – Wahrlich bewundernswert! Eine vollkommene Büberei* ist auch eine Vollkommenheit – Vollkommenheit? Nein! dazu fehlte noch etwas – – Wo ist meine Mutter?

Schurkenstreich

WURM Im ⌜Spinnhaus⌝.

vollständig

LOUISE *mit schmerzvollem Lächeln:* Jetzt ist es völlig*! – völlig, und jetzt wär ich ja frei – Abgeschält von allen Pflichten – und Tränen – und Freuden. Abgeschält von der Vorsicht*. Ich brauch sie ja nicht mehr – *schreckli-*

Vorsehung

ches Stillschweigen Haben Sie vielleicht noch eine Zeitung*? Reden Sie immerhin*. Jetzt kann ich alles hören.

WURM Was geschehen ist, wissen Sie.

LOUISE Also nicht, was noch kommen wird? *wiederum Pause, worin sie den Sekretair von oben bis unten ansieht* Armer Mensch! Du treibst ein trauriges Handwerk, wobei du ohnmöglich selig werden kannst. Unglückliche machen ist schon schrecklich genug, aber gräßlich ists, es ihnen verkündigen – Ihn vorzusingen den ⌜Eulengesang⌝, dabei zu stehn, wenn das blutende Herz am eisernen Schaft* der Notwendigkeit zittert, und Christen an Gott zweifeln. – Der Himmel bewahre mich! und würde dir jeder Angsttropfe, den du fallen siehst, mit einer Tonne Golds aufgewogen – ich möchte nicht Du sein – – Was kann noch geschehen?

WURM Ich weiß nicht.

LOUISE Sie wollen nicht wissen? – Diese lichtscheue Botschaft fürchtet das Geräusch der Worte, aber in der Grabstille Ihres Gesichts zeigt sich mir das Gespenst – Was ist noch übrig – Sie sagten vorhin, der Herzog wolle es auffallend ahnden? Was nennen Sie auffallend?

WURM Fragen Sie nichts mehr.

LOUISE Höre Mensch! Du gingst beim Henker zur Schule. Wie verstündest du sonst, das Eisen* erst langsam-bedächtlich an den knirschenden Gelenken hinaufzuführen, und das zuckende Herz mit dem Streich der Erbarmung zu necken? – Welches Schicksal wartet auf meinen Vater? – Es ist Tod in dem, was du lachend sagst, wie mag das aussehen, was du an dich hältst? Sprich es aus. Laß mich sie auf einmal haben die ganze zermalmende Ladung*. Was wartet auf meinen Vater?

WURM Ein Kriminalprozeß.

LOUISE Was ist aber das? – Ich bin ein unwissendes unschuldiges Ding, verstehe mich wenig auf eure fürchterliche lateinische Wörter. Was heißt Kriminalprozeß?

- Zeitung: Neuigkeit
- immerhin: weiter
- Schaft: Speerstiel oder der Speer selbst
- Eisen: Messer
- Ladung: Sprengladung

WURM Gericht um Leben und Tod.

LOUISE *standhaft:* So dank ich Ihnen! *sie eilt schnell in ein Seitenzimmer*

WURM *steht betroffen da:* Wo will das hinaus? Sollte die Närrin etwa? – Teufel! sie wird doch nicht – Ich eile nach – ich muß für ihr Leben bürgen *im Begriff, ihr zu folgen*

LOUISE *kommt zurück, einen Mantel umgeworfen:* Verzeihen Sie, Sekretair. Ich schließe das Zimmer.

WURM Und wohin denn so eilig?

LOUISE Zum Herzog *will fort*

WURM Was? Wo hin? *er hält sie erschrocken zurück*

LOUISE Zum Herzog. Hören Sie nicht? Zu eben dem Herzog, der meinen Vater auf Tod und Leben will richten lassen – Nein! Nicht will – muß richten lassen, weil einige Böswichter wollen; der zu dem ganzen Prozeß der beleidigten Majestät nichts hergibt, als eine Majestät und seine fürstliche Handschrift.

WURM *lacht überlaut:* Zum Herzog!

LOUISE Ich weiß, worüber Sie lachen – aber ich will ja auch kein Erbarmen dort finden – Gott bewahre mich! nur Ekel – Ekel nur an meinem Geschrei. Man hat mir gesagt, daß die Großen der Welt noch nicht belehrt sind, was Elend ist – nicht wollen belehrt sein. Ich will ihm sagen was Elend ist – will es ihm vormalen in allen Verzerrungen des Todes, was Elend ist – will es ihm vorheulen in Mark und Bein zermalmenden Tönen, was Elend ist – und wenn ihm jetzt über der Beschreibung die Haare zu Berge fliegen, will ich ihm noch zum Schluß in die Ohren schrein, daß in der Sterbestunde auch die Lungen der Erdengötter* zu röcheln anfangen, und das jüngste Gericht Majestäten und Bettler in dem nämlichen Siebe rüttle. *sie will gehen*

s. 78,22

WURM *boshaft freundlich:* Gehen Sie, o gehen Sie ja. Sie können wahrlich nichts klügeres tun. Ich rate es Ihnen, gehen Sie, und ich gebe Ihnen mein Wort, daß der Herzog willfahren* wird.

sich nach Ihrem Willen richten wird

LOUISE *steht plötzlich still:* Wie sagen Sie? – Sie raten mir selbst dazu? *kommt schnell zurück* Hm! Was will ich denn? Etwas abscheuliches muß es sein, weil dieser Mensch dazu ratet – Woher wissen Sie, daß der Fürst mir willfahren wird?

WURM Weil er es nicht wird umsonst tun dürfen.

LOUISE Nicht umsonst? Welchen Preis kann er auf eine Menschlichkeit setzen?

WURM Die schöne Supplikantin* ist Preises genug.

Bittstellerin

LOUISE *bleibt erstarrt stehn, dann mit brechendem Laut:* Allgerechter!

WURM Und einen Vater werden Sie doch, will ich hoffen, um diese gnädige Taxe* nicht überfodert finden?

festgesetzter Preis

LOUISE *auf und ab, außer Fassung:* Ja! Ja! Es ist wahr. Sie sind verschanzt eure Großen – verschanzt vor der Wahrheit hinter ihre eigene Laster, wie hinter Schwerter der Cherubim* – Helfe dir der Allmächtige, Vater. Deine Tochter kann für dich sterben, aber nicht sündigen.

die das Paradies bewachenden Erzengel

WURM Das mag ihm wohl eine Neuigkeit sein dem armen verlassenen Mann – »Meine Louise« sagte er mir »hat mich zu Boden geworfen. Meine Louise wird mich auch aufrichten« – Ich eile Mamsell, ihm die Antwort zu bringen. *stellt sich als ob er ginge*

LOUISE *eilt ihm nach, hält ihn zurück:* Bleiben Sie! Bleiben Sie! Geduld! – Wie flink dieser Satan ist, wenn es gilt, Menschen rasend zu machen! – Ich hab ihn niedergeworfen. Ich muß ihn aufrichten. Reden Sie. Raten Sie! Was kann ich? Was muß ich tun?

WURM Es ist nur ein Mittel.

LOUISE Dieses einzige Mittel?

WURM Auch Ihr Vater wünscht –

LOUISE Auch mein Vater? – Was ist das für ein Mittel?

WURM Es ist Ihnen leicht.

LOUISE Ich kenne nichts schwerers als die Schande.

WURM Wenn Sie den Major wieder frei machen wollen?

LOUISE Von seiner Liebe? Spotten Sie meiner? – Das meiner Willkür zu überlassen, wozu ich gezwungen ward?

WURM So ist es nicht gemeint, liebe Jungfer. Der Major muß zuerst und freiwillig zurücktreten.

LOUISE Er wird nicht.

WURM So scheint es. Würde man denn wohl seine Zuflucht zu Ihnen nehmen, wenn nicht Sie allein dazu helfen könnten?

LOUISE Kann ich ihn zwingen, daß er mich hassen muß?

WURM Wir wollen versuchen. Setzen Sie sich.

LOUISE *betreten:* Mensch! Was brütest du?

WURM Setzen Sie sich. Schreiben Sie! Hier ist Feder, Papier und Dinte.

LOUISE *setzt sich in höchster Beunruhigung:* Was soll ich schreiben? An wen soll ich schreiben?

WURM An den Henker Ihres Vaters.

LOUISE Ha! du verstehst dich darauf, Seelen auf die Folter zu schrauben* *ergreift eine Feder*

Daumenschrauben anzulegen

WURM *diktiert:* »Gnädiger Herr« –

LOUISE *schreibt mit zitternder Hand*

WURM »Schon drei unerträgliche Tage sind vorüber – – sind vorüber – und wir sahen uns nicht«

LOUISE *stutzt, legt die Feder weg:* An wen ist der Brief?

WURM An den Henker Ihres Vaters.

LOUISE O mein Gott!

WURM »Halten Sie sich deswegen an den Major – an den Major – der mich den ganzen Tag wie ein Argus* hütet«

hundertäugiger Riese aus der griech. Mythologie

LOUISE *springt auf:* Büberei, wie noch keine erhört worden! An wen ist der Brief?

WURM An den Henker Ihres Vaters.

LOUISE *die Hände ringend auf und nieder:* Nein! Nein! Nein! Das ist tyrannisch o Himmel! Strafe Menschen menschlich, wenn sie dich reizen, aber warum mich zwischen zwei Schröcknisse pressen? Warum zwischen Tod und Schande mich hin und her wiegen? Warum diesen blutsaugenden Teufel mir auf den Nacken setzen? – Macht was ihr wollt. Ich schreibe das nimmermehr.

WURM *greift nach dem Hut:* Wie Sie wollen, Mademoiselle. Das steht ganz in Ihrem Belieben.

LOUISE Belieben, sagen Sie? In meinem Belieben? – Geh Barbar! hänge einen Unglücklichen über dem Abgrund der Hölle aus, bitt ihn um etwas, und lästre Gott, und frag ihn, obs ihm beliebe? – O du weißt allzugut, daß unser Herz an natürlichen Trieben, so fest als an Ketten liegt – Nunmehr ist alles gleich. Diktieren Sie weiter. Ich denke nichts mehr. Ich weiche der überlistenden Hölle *sie setzt sich zum zweitenmal*

WURM »Den ganzen Tag wie ein Argus hütet« – Haben Sie das?

LOUISE Weiter! Weiter!

WURM »Wir haben gestern den Präsidenten im Haus gehabt. Es war possierlich zu sehen, wie der gute Major um meine Ehre sich wehrte«

LOUISE O schön, schön! o herrlich! – Nur immer fort.

WURM »Ich nahm meine Zuflucht zu einer Ohnmacht – zu einer Ohnmacht – daß ich nicht laut lachte«

LOUISE O Himmel!

WURM »Aber bald wird mir meine Maske unerträglich unerträglich – Wenn ich nur loskommen könnte –«

LOUISE *hält inne, steht auf, geht auf und nieder, den Kopf gesenkt, als suchte sie was auf dem Boden; dann setzt sie sich wiederum, schreibt weiter:* »Loskommen könnte«

WURM »Morgen hat er den Dienst – Passen Sie ab, wenn er von mir geht, und kommen an den bewußten Ort« – Haben Sie bewußten?

LOUISE Ich habe alles.

WURM »An den bewußten Ort zu Ihrer zärtlichen ..... Louise«

LOUISE Nun fehlt die Adresse noch.

WURM »An Herrn Hofmarschall von Kalb«

LOUISE Ewige Vorsicht! ein Name, so fremd meinen Ohren, als meinem Herzen diese schändlichen Zeilen *sie steht auf, und betrachtet eine große Pause lang mit starrem Blick das Geschriebene, endlich reicht sie es dem Sekretair, mit erschöpfter hinsterbender Stimme* Nehmen Sie mein Herr. Es ist mein ehrlicher Name – es ist Ferdinand – ist die ganze Wonne meines Lebens, was ich jetzt in Ihre Hände gebe – Ich bin eine Bettlerin!

WURM O Nein doch! Verzagen Sie nicht, liebe Mademoiselle. Ich habe herzliches Mitleid mit Ihnen. Vielleicht – wer weiß? – Ich könnte mich noch wohl über gewisse Dinge hinwegsetzen – Wahrlich! Bei Gott! Ich habe Mitleid mit Ihnen.

LOUISE *blickt ihn starr und durchdringend an:* Reden Sie nicht aus mein Herr. Sie sind auf dem Wege sich etwas Entsetzliches zu wünschen.

WURM *im Begriff ihre Hand zu küssen:* Gesetzt, es wäre diese niedliche Hand – Wie so liebe Jungfer?

LOUISE *groß und schrecklich:* Weil ich dich in der Brautnacht erdrosselte, und mich dann mit Wollust aufs Rad flechten ließe *sie will gehen, kommt aber schnell zurück* Sind wir jetzt fertig mein Herr? Darf die Taube nun fliegen?

WURM Nur noch die Kleinigkeit Jungfer. Sie müssen mit mir, und ⌜das Sakrament darauf nehmen⌝, diesen Brief für einen freiwilligen zu erkennen.

LOUISE Gott! Gott! und du selbst mußt das Siegel geben, die Werke der Hölle zu verwahren?

Wurm zieht sie fort.

Vierter Akt

Saal beim Präsidenten.

Erste Szene

Ferdinand von Walter einen offenen Brief in der Hand, kommt stürmisch durch eine Türe, durch eine andre ein Kammerdiener.

FERDINAND War kein Marschall da?

KAMMERDIENER Herr Major, der Herr Präsident fragen nach Ihnen.

FERDINAND Alle Donner! Ich frag, war kein Marschall da?

KAMMERDIENER Der gnädige Herr sitzen oben am ⌜Pharotisch⌝.

FERDINAND Der gnädige Herr soll im Namen der ganzen Hölle daher kommen. *Kammerdiener geht*

Zweite Szene

FERDINAND *allein.*

den Brief durchfliegend, bald erstarrend, bald wütend herumstürzend:

Es ist nicht möglich. Nicht möglich. Diese himmlische Hülle versteckt kein so teuflisches Herz – – Und doch! doch! Wenn alle Engel herunter stiegen, für ihre Unschuld bürgten – wenn Himmel und Erde, wenn Schöpfung und Schöpfer zusammen träten, für ihre Unschuld bürgten – Es ist ihre Hand – ein unerhörter ungeheurer Betrug, wie die Menschheit noch keinen erlebte! – Das also wars, warum man sich so beharrlich der Flucht widersetzte! – Darum – o Gott! jetzt erwach ich, jetzt enthüllt sich mir alles! – Darum gab man seinen Anspruch auf meine Liebe mit so viel Heldenmut auf, und bald bald hätte selbst mich die himmlische Schminke* betrogen!

der Schein der Unschuld

er stürzt rascher durchs Zimmer, dann steht er wieder nachdenkend still.

Mich so ganz zu ergründen! – Jedes kühne Gefühl, jede leise schüchterne Bebung zu erwidern, jede feurige Wallung – An der feinsten Unbeschreiblichkeit eines schwebenden* Lauts meine Seele zu fassen – Mich zu berechnen in einer Träne – Auf jeden gähen* Gipfel der Leidenschaft mich zu begleiten, mir zu begegnen vor jedem schwindelnden Absturz – Gott! Gott! und alles das nichts als Grimasse*: – Grimasse? – O wenn die Lüge eine so haltbare Farbe hat, wie ging es zu, daß sich kein Teufel noch in das Himmelreich hineinlog?

hier: leisen

steilen

Verstellung

Da ich ihr die Gefahr unsrer Liebe entdeckte, mit welch überzeugender Täuschung erblaßte die Falsche da! Mit welch siegender Würde schlug sie den frechen Hohn meines Vaters zu Boden, und in eben dem Augenblick fühlte das Weib sich doch schuldig – Was? hielt sie nicht selbst die Feuerprobe der Wahrheit aus – die Heuchlerin sinkt in Ohnmacht. Welche Sprache wirst du jetzt führen, Empfindung? Auch Koketten sinken in Ohnmacht. Womit wirst Du dich rechtfertigen Unschuld – Auch Metzen sinken in Ohnmacht.

Sie weiß, was sie aus mir gemacht hat. Sie hat meine ganze Seele gesehn. Mein Herz trat beim Erröten des ersten Kusses sichtbar in meine Augen – und sie empfand nichts? Empfand vielleicht nur den Triumph ihrer Kunst*? – Da mein glücklicher Wahnsinn den ganzen Himmel in ihr zu umspannen wähnte? Meine wildesten Wünsche schwiegen? Vor meinem Gemüt stand kein Gedanke als die Ewigkeit und das Mädchen – Gott! da empfand sie nichts? Fühlte nichts, als ihren Anschlag

geschickten Verstellung

gelungen? Nichts, als ihre Reize geschmeichelt? Tod und Rache! Nichts, als daß ich betrogen sei?

Dritte Szene

Der Hofmarschall und Ferdinand.

HOFMARSCHALL *ins Zimmer trippelnd:* Sie haben den Wunsch blicken lassen, mein Bester –

FERDINAND *vor sich hinmurmelnd:* Einem Schurken den Hals zu brechen. *laut* Marschall, dieser Brief muß Ihnen bei der Parade aus der Tasche gefallen sein – und ich *mit boshaftem Lachen* war zum Glück noch der Finder.

HOFMARSCHALL Sie?

FERDINAND Durch den lustigsten Zufall. Machen Sie's mit der Allmacht* aus. Gott

HOFMARSCHALL Sie sehen, wie ich erschrecke, Baron.

FERDINAND Lesen Sie! Lesen Sie! *von ihm weggehend* Bin ich auch schon zum Liebhaber zu schlecht, vielleicht laß ich mich desto besser als Kuppler an. *während daß jener liest, tritt er zur Wand und nimmt zwei Pistolen herunter.*

HOFMARSCHALL *wirft den Brief auf den Tisch und will sich davon machen:* Verflucht!

FERDINAND *führt ihn am Arm zurück:* Geduld, lieber Marschall. Die Zeitungen dünken mich angenehm. Ich will meinen Finderlohn haben. *hier zeigt er ihm die Pistolen.*

HOFMARSCHALL *tritt bestürzt zurück:* Sie werden vernünftig sein, Bester.

FERDINAND *mit starker schrecklicher Stimme:* Mehr als zuviel um einen Schelmen, wie Du bist, in jene Welt* zu schicken! *er dringt ihm die eine Pistole auf, zugleich zieht er sein Schnupftuch* Nehmen Sie! dieses Schnupftuch da fassen Sie! – Ich habs von der Buhlerin. ins Jenseits

HOFMARSCHALL ⌜Über dem Schnupftuch?⌝ Rasen Sie? Wohin denken Sie?

FERDINAND Faß dieses End' an sag ich. Sonst wirst du ja fehl schießen Memme! – Wie sie zittert die Memme! Du solltest Gott danken, Memme, daß du zum erstenmal etwas in deinen Hirnkasten kriegst. *Hofmarschall macht sich auf die Beine* Sachte! Dafür wird gebeten sein.* *er überholt ihn, und riegelt die Türe.*

Ich möchte doch darum bitten (nicht zu fliehen).

HOFMARSCHALL Auf dem Zimmer, Baron?

FERDINAND Als ob sich mit Dir ein Gang vor den Wall* verlohnte? – Schatz, so knallts desto lauter, und das ist ja doch wohl das erste Geräusch, das Du in der Welt machst – Schlag an!*

vor der Stadtmauer, wo sonst Duelle ausgetragen wurden

Bring die Pistole in Anschlag!

HOFMARSCHALL *wischt sich die Stirn:* Und Sie wollen Ihr kostbares Leben so aussetzen*, junger hoffnungsvoller Mann?

auf's Spiel setzen

FERDINAND Schlag an, sag ich. Ich habe nichts mehr in dieser Welt zu tun.

HOFMARSCHALL Aber ich desto mehr, mein allervortrefflichster.

FERDINAND Du Bursche? Was Du? – Der Notnagel zu sein, wo die Menschen sich rar machen? ⌜In einem Augenblick siebenmal kurz und siebenmal lang zu werden, wie der Schmetterling an der Nadel?⌝ Ein Register zu führen über die Stuhlgänge deines Herrn, und der Mietgaul seines Witzes* zu sein? Eben so gut. Ich führe dich, wie irgend ein seltenes Murmeltier mit mir. Wie ein zahmer Affe sollst du zum Geheul der Verdammten tanzen, apportieren und aufwarten, und mit deinen höfischen Künsten die ewige Verzweiflung* belustigen.

der Verkünder seiner Einfälle und Launen

die Hölle

HOFMARSCHALL Was Sie befehlen, Herr, wie Sie belieben – Nur die Pistolen weg!

FERDINAND Wie er da steht der Schmerzenssohn*! – Da steht, dem ⌜sechsten Schöpfungstag⌝ zum Schimpfe! Als wenn ihn ein ⌜Tübinger Buchhändler⌝ dem Allmächtigen

wie Christus am Kreuze

nachgedruckt hätte! – Schade nur, ewig Schande für die Unze* Gehirn, die so schlecht in diesem undankbaren Schädel wuchert. Diese einzige Unze hätte dem Pavian noch vollends zum Menschen geholfen, da sie jetzt nur einen Bruch* von Vernunft macht – Und mit diesem ihr Herz zu teilen? – Ungeheuer! Unverantwortlich! – Einem Kerl, mehr gemacht, von Sünden zu entwöhnen, als dazu anzureizen.

kleine Gewichtseinheit

Bruchteil

HOFMARSCHALL O! Gott sei ewig Dank! Er wird witzig.

FERDINAND Ich will ihn gelten lassen. Die Toleranz, die der Raupe schont, soll auch diesem zu gute kommen. Man begegnet ihm, zuckt etwa die Achsel, bewundert vielleicht noch die kluge Wirtschaft des Himmels, der auch mit ⌜Träbern⌝ und Bodensatz noch Kreaturen speist; der dem Raben am Hochgericht*, und einem Höfling im Schlamme* der Majestäten den Tisch deckt – Zuletzt erstaunt man noch über die große Polizei der Vorsicht*, die auch in der Geisterwelt ihre ⌜Blindschleichen und Tarandeln⌝ zur Ausfuhr des Gifts besoldet. – Aber *indem seine Wut sich erneuert* an meine Blume soll mir das Ungeziefer nicht kriechen, oder ich will es *den Marschall fassend und unsanft herumschüttelnd* so und so und wieder so durcheinander quetschen.

Hinrichtungsstätte

im Sündenpfuhl

Staatsverwaltung der Vorsehung

HOFMARSCHALL *für sich hinseufzend:* O mein Gott! Wer hier weg wäre! Hundert Meilen von hier im Biçetre zu Paris*! nur bei diesem nicht!

Armenhospital und Irrenhaus

FERDINAND Bube! Wenn sie nicht rein mehr ist? Bube! Wenn du genossest, wo ich anbetete: *wütender* Schwelgtest, wo ich einen Gott mich fühlte? *plötzlich schweigt er, darauf fürchterlich* Dir wäre besser, Bube, du flöhest der Hölle zu, als daß dir mein Zorn im Himmel begegnete! – Wie weit kamst du mit dem Mädchen? Bekenne!

HOFMARSCHALL Lassen Sie mich los. Ich will alles verraten.

FERDINAND O! es muß reizender sein mit diesem Mädchen zu buhlen, als mit andern noch so himmlisch zu schwärmen – Wollte sie ausschweifen, wollte sie, sie könnte den Wert der Seele herunter bringen, und die Tugend mit der Wollust verfälschen*. *dem Marschall die Pistole auf's Herz drückend* Wie weit kamst du mit ihr? Ich drücke ab, oder bekenne!

der Tugend den Anschein der Wollust geben

HOFMARSCHALL Es ist nichts – ist ja alles nichts. Haben Sie nur eine Minute Geduld. Sie sind ja betrogen.

FERDINAND Und daran mahnst du mich Bösewicht? – Wie weit kamst du mit ihr? Du bist des Todes, oder bekenne!

HOFMARSCHALL Mon Dieu! Mein Gott! Ich spreche ja – So hören Sie doch nur – Ihr Vater – Ihr eigener leiblicher Vater –

FERDINAND *grimmiger:* Hat seine Tochter an Dich verkuppelt? Und wie weit kamst du mit ihr? Ich ermorde dich, oder bekenne!

HOFMARSCHALL Sie rasen. Sie hören nicht. Ich sah sie nie. Ich kenne sie nicht. Ich weiß gar nichts von ihr.

FERDINAND *zurücktretend:* Du sahst sie nie? Kennst sie nicht? Weißt gar nichts von ihr? – Die Millerin ist verloren um deinetwillen, du leugnest sie dreimal* in Einem Atem hinweg? – Fort schlechter Kerl. *er gibt ihm mit der Pistole einen Streich, und stößt ihn aus dem Zimmer* Für Deinesgleichen ist kein Pulver erfunden!

Anspielung auf die Verleugnung Christi durch Petrus (s. Matthäus 26,69–75)

Vierte Szene

FERDINAND

nach einem langen Stillschweigen, worin seine Züge einen schrecklichen Gedanken entwickeln:

Verloren! Ja Unglückselige! – Ich bin es. Du bist es auch. Ja bei dem großen Gott! Wenn ich verloren bin, bist du es auch! – Richter der Welt! Fodre Sie mir nicht ab. Das Mädchen ist mein. Ich trat dir deine ganze Welt für das Mädchen ab, habe Verzicht getan auf deine ganze herrliche Schöpfung. Laß mir das Mädchen. – Richter der Welt! Dort winseln Millionen Seelen nach dir – Dorthin kehre das Aug deines Erbarmens – Mich laß allein machen, Richter der Welt! *indem er schrecklich die Hände faltet* Sollte der reiche vermögende Schöpfer mit einer Seele geizen, die noch dazu die schlechteste seiner Schöpfung ist? – Das Mädchen ist mein! Ich einst ihr Gott, jetzt ihr Teufel!

die Augen graß in einen Winkel geworfen*

zornig, grauenerregend

Eine Ewigkeit mit Ihr auf ein Rad der Verdammnis geflochten – Augen in Augen wurzelnd – Haare zu Berge stehend gegen Haare – Auch unser hohles Wimmern in eins geschmolzen – Und jetzt zu wiederholen meine Zärtlichkeiten, und jetzt ihr vorzusingen ihre Schwüre – Gott! Gott! Die Vermählung ist fürchterlich – aber ewig! *er will schnell hinaus. Der Präsident tritt herein.*

Fünfte Szene

Der Präsident und Ferdinand.

FERDINAND *zurücktretend:* Oh! – Mein Vater!

PRÄSIDENT Sehr gut, daß wir uns finden, mein Sohn. Ich komme, dir etwas angenehmes zu verkündigen, und etwas, lieber Sohn, das dich ganz gewiß überraschen wird. Wollen wir uns setzen?

FERDINAND *sieht ihn lange Zeit starr an:* Mein Vater! *mit stärkerer Bewegung zu ihm gehend und seine Hand fassend* Mein Vater! *seine Hand küssend, vor ihm niederfallend* O mein Vater!

PRÄSIDENT Was ist dir mein Sohn? Steh auf. Deine Hand brennt und zittert.

FERDINAND *mit wilder feuriger Empfindung:* Verzeihung

verkannt

für meinen Undank mein Vater! Ich bin ein verworfener Mensch. Ich habe ihre Güte mißkannt*. Sie meinten es mit mir so väterlich – O! Sie hatten eine weissagende Seele – Jetzt ists zu spät – Verzeihung! Verzeihung! Ihren Segen, mein Vater!

PRÄSIDENT *heuchelt eine schuldlose Miene:* Steh auf mein Sohn! Besinne dich, daß du mir Rätsel sprichst.

FERDINAND Diese Millerin mein Vater – O Sie kennen den Menschen – Ihre Wut war damals so gerecht, so edel, so väterlich warm – Nur verfehlte der warme Vatereifer des Weges – Diese Millerin!

PRÄSIDENT Martre mich nicht mein Sohn. Ich verfluche meine Härte! Ich bin gekommen dir abzubitten.

FERDINAND Abbitten an mir! Verfluchen an mir! – Ihre Mißbilligung war Weisheit. Ihre Härte war himmlisches Mitleid – – Diese Millerin, Vater –

PRÄSIDENT Ist ein edles, ein liebes Mädchen. – Ich widerrufe meinen übereilten Verdacht. Sie hat meine Achtung erworben.

FERDINAND *springt erschüttert auf:* Was? auch Sie? – Vater! auch Sie? – Und nicht wahr, mein Vater, ein Geschöpf wie die Unschuld? – und es ist so menschlich, dieses Mädchen zu lieben?

PRÄSIDENT Sage so: Es ist Verbrechen, es nicht zu lieben.

FERDINAND Unerhört! Ungeheur! – Und Sie schauen ja doch sonst die Herzen so durch! Sahen Sie noch dazu mit Augen des Hasses! – Heuchelei ohne Beispiel – Diese Millerin, Vater –

PRÄSIDENT Ist es wert meine Tochter zu sein. Ich rechne ihre Tugend für Ahnen, und ihre Schönheit für Gold. Meine Grundsätze weichen deiner Liebe – Sie sei dein!

FERDINAND *stürzt fürchterlich aus dem Zimmer:* Das fehlte noch! – Leben Sie wohl mein Vater. *ab*

PRÄSIDENT *ihn nachgehend:* Bleib! Bleib! Wohin stürmst du? *ab*

Sechste Szene

Ein sehr prächtiger Saal bei der Lady.
Lady und Sophie treten herein.

LADY Also sahst du sie? Wird sie kommen?

SOPHIE Diesen Augenblick. Sie war noch im Hausgewand, und wollte sich nur in der Geschwindigkeit umkleiden.

LADY Sage mir nichts von ihr – Stille – wie eine Verbrecherin zittre ich, die Glückliche zu sehen, die mit meinem Herzen so schrecklich harmonisch fühlt – Und wie nahm* sie sich bei der Einladung?

benahm

SOPHIE Sie schien bestürzt, wurde nachdenkend, sah mich mit großen Augen an, und schwieg. Ich hatte mich schon auf ihre Ausflüchte vorbereitet, als sie mit einem Blick, der mich ganz überraschte, zur Antwort gab: Ihre Dame befiehlt mir, was ich mir morgen erbitten wollte.

LADY *sehr unruhig:* Laß mich Sophie. Beklage mich. Ich muß erröten, wenn sie nur das gewöhnliche Weib ist, und wenn sie mehr ist, verzagen.

SOPHIE Aber Milady – Das ist die Laune* nicht, eine Nebenbuhlerin zu empfangen. Erinnern Sie sich wer Sie sind. Rufen Sie Ihre Geburt, Ihren Rang, Ihre Macht zu Hilfe. Ein stolzeres Herz muß die stolze Pracht Ihres Anblicks erheben.

Stimmung

LADY *zerstreut:* Was schwatzt die Närrin da?

SOPHIE *boshaft:* Oder ist es vielleicht Zufall, daß eben heute die kostbarsten Brillanten an Ihnen blitzen? Zufall, daß eben heute der reichste Stoff Sie bekleiden muß – daß Ihre Antischamber* von ⌜Heiducken⌝ und Pagen wimmelt, und das Bürgermädchen im fürstlichsten Saal Ihres Pallastes erwartet wird?

Vorzimmer

LADY *auf und ab voll Erbitterung:* Verwünscht! Unerträglich! Daß Weiber für Weiberschwächen solche Luchsaugen haben! – – Aber wie tief, wie tief muß ich schon gesunken sein, daß eine solche Kreatur mich ergründet!

EIN KAMMERDIENER *tritt auf:* Mamsell Millerin –

LADY *zu Sophien:* Hinweg du! Entferne dich! *drohend, da diese noch zaudert* Hinweg! Ich befehl es. *Sophie geht ab. Lady macht einen Gang durch den Saal.* Gut! Recht gut, daß ich in Wallung kam. Ich bin, wie ich wünschte. *zum Kammerdiener* Die Mamsell mag hereintreten. *Kammerdiener geht. Sie wirft sich in den Sofa, und nimmt eine vornehm-nachlässige Lage an.*

Siebente Szene

Louise Millerin tritt schüchtern herein, und bleibt in einer großen Entfernung von der Lady stehen; Lady hat ihr den Rücken zugewandt, und betrachtet sie eine Zeit lang aufmerksam in dem gegenüber stehenden Spiegel.
Nach einer Pause.

LOUISE Gnädige Frau, ich erwarte ihre Befehle.

LADY *dreht sich nach Louisen um, und nickt nur eben mit dem Kopf, fremd und zurückgezogen:* Aha! Ist Sie hier? – Ohne Zweifel die Mamsell – eine gewisse – Wie nennt man sie doch?

LOUISE *etwas empfindlich:* Miller nennt sich mein Vater, und Ihro Gnaden schickten nach seiner Tochter.

LADY Recht! Recht! Ich entsinne mich – die arme Geigerstochter, wovon neulich die Rede war. *nach einer Pause, vor sich* Sehr interessant, und doch keine Schönheit – *laut zu Louisen* Trete sie näher mein Kind. *wieder vor sich* Augen, die sich im Weinen übten – Wie lieb' ich sie, diese Augen! *wiederum laut* Nur näher – Nur ganz nah – Gutes Kind, ich glaube, du fürchtest mich?

LOUISE *groß, mit entschiednem Ton:* Nein Milady. Ich verachte das Urteil der Menge.

LADY *vor sich:* Sieh doch! – und diesen Trotzkopf hat sie von ihm. *laut* Man hat sie mir empfohlen, Mamsell. Sie soll was gelernt haben, und sonst auch zu leben* wissen – Nun ja. Ich wills glauben – auch nähm ich die ganze Welt nicht, einen so warmen Fürsprecher Lügen zu strafen.

LOUISE Doch kenn ich niemand, Milady, der sich Mühe gäbe, mir eine Patronin* zu suchen.

LADY *geschraubt*:* Mühe um die Klientin* oder Patronin?

LOUISE Das ist mir zu hoch, gnädige Frau.

LADY Mehr Schelmerei, als diese offene Bildung* vermuten läßt! Louise nennt sie sich? Und wie jung, wenn man fragen darf?

LOUISE Sechszehn gewesen.

LADY *steht rasch auf:* Nun ists heraus! Sechszehen Jahre! Der erste Puls dieser Leidenschaft! – Auf dem unberührten Klavier der erste einweihende Silberton! – Nichts ist verführender – Setz dich, ich bin dir gut, liebes Mädchen – Und auch er liebt zum erstenmal – Was Wunder, wenn sich die Strahlen Eines Morgenrots finden? *sehr freundlich, und ihre Hand ergreifend* Es bleibt dabei, ich will dein Glück machen, liebe – Nichts, nichts als die süße früheverfliegende Träumerei *Louisen auf die Wange klopfend* Meine Sophie heiratet. Du sollst ihre Stelle haben – Sechszehen Jahr! Es kann nicht von Dauer sein.

LOUISE *küßt ihr ehrerbietig die Hand:* Ich danke für diese Gnade Milady, als wenn ich sie annehmen dürfte.

LADY *in Entrüstung zurückfallend:* Man sehe die große Dame! – Sonst wissen sich Jungfern ihrer Herkunft noch glücklich, wenn sie Herrschaften finden* – wo will denn Sie hinaus, meine Kostbare? Sind diese Finger zur Arbeit zu niedlich? Ist es Ihr Bißchen Gesicht, worauf Sie so trotzig tut?

LOUISE Mein Gesicht, gnädige Frau, gehört mir so wenig, als meine Herkunft.

LADY Oder glaubt Sie vielleicht, das werde nimmer ein Ende nehmen? – Armes Geschöpf, wer dir das in den

leben: hier: benehmen
Patronin: Beschützerin
geschraubt: gekünstelt
Klientin: Schutzbefohlene
Bildung: Gesichtszüge
Herrschaften: Adlige, bei denen man die Rolle des Bediensteten übernehmen kann.

Kopf setzte – mag er sein, wer er will – er hat euch beide zum Besten gehabt. Diese Wangen sind nicht im Feuer vergoldet*. Was dir dein Spiegel für massiv und ewig verkauft, ist nur ein dünner angeflogener Goldschaum, der deinem Anbeter über kurz oder lang in der Hand bleiben muß – Was werden wir dann machen?

haltbar gemacht

LOUISE Den Anbeter bedauern, Milady, der einen Demant kaufte, weil er in Gold schien gefaßt zu sein.

LADY *ohne darauf achten zu wollen:* Ein Mädchen von ihren Jahren hat immer zween Spiegel zugleich, den Wahren und ihren Bewunderer – Die gefällige Geschmeidigkeit des letztern macht die rauhe Offenherzigkeit des erstern wieder gut. Der eine rügt eine häßliche Blatternarbe*. Weit gefehlt, sagt der andere, es ist ein Grübchen der ⌜Grazien⌝. Ihr guten Kinder glaubt jenem nur, was euch dieser gesagt hat, hüpft von einem zum andern, bis ihr zuletzt die Aussagen beider verwechselt – Warum begafft sie mich so?

Narbenbildung nach der Pockenkrankheit

LOUISE Verzeihen Sie gnädige Frau – Ich war so eben im Begriff, diesen prächtig blitzenden Rubin zu beweinen, der es nicht wissen muß, daß seine Besitzerin so scharf wider Eitelkeit eifert.

LOUISE *errötend:* Keinen Seitensprung, Lose*! – Wenn es nicht die Promessen* Ihrer Gestalt sind, was in der Welt könnte Sie abhalten, einen Stand zu erwählen, der der einzige ist, wo Sie Manieren und Welt* lernen kann, der einzige ist, wo Sie sich ihrer bürgerlichen Vorurteile entledigen kann?

Schelmische!

Verheißungen

Formen des gepflegten Umgangs

LOUISE Auch meiner bürgerlichen Unschuld, Milady?

LADY Läppischer Einwurf! Der ausgelassenste Bube ist zu verzagt, uns etwas beschimpfendes zuzumuten, wenn wir ihm nicht selbst ermunternd entgegen gehn. Zeige Sie, wer Sie ist. Gebe Sie sich Ehre und Würde, und ich sage ihrer Jugend für alle Versuchung gut.

LOUISE Erlauben Sie, gnädige Frau, daß ich mich unterstehe, daran zu zweifeln. Die Palläste gewisser Damen sind oft die Freistätten der frechsten Ergötzlichkeit*. Wer sollte der Tochter des armen Geigers den Heldenmut zutrauen, den Heldenmut, mitten in die Pest sich zu werfen, und doch dabei vor der Vergiftung zu schaudern? Wer sollte sich träumen lassen, daß Lady Milford ihrem Gewissen einen ewigen Skorpion* halte, daß sie Geldsummen aufwende, um den Vorteil zu haben, jeden Augenblick schamrot zu zu werden? – Ich bin offenherzig, gnädige Frau – Würde Sie mein Anblick ergötzen, wenn Sie einem Vernügen entgegengingen? Würden Sie ihn ertragen, wenn Sie zurückkämen? – – O Besser! Besser! Sie lassen Himmelsstriche* uns trennen – Sie lassen Meere zwischen uns fließen! – Sehen Sie sich wohl für*, Milady – Stunden der Nüchternheit, Augenblicke der Erschöpfung könnten sich melden – Schlangen der Reue könnten ihren Busen anfallen, und nun – welche Folter für Sie, im Gesicht ihres Dienstmädchens, die heitre Ruhe zu lesen, womit die Unschuld ein reines Herz zu belohnen pflegt *sie tritt einen Schritt zurück* Noch einmal, gnädige Frau. Ich bitte sehr um Vergebung.

Ergötzlichkeit: sinnlichen Vergnügungen und Ausschweifungen
Skorpion: Stachel
Himmelsstriche: Landstriche
für: vor

LADY *in großer innrer Bewegung herumgehend:* Unerträglich, daß Sie mir das sagt! Unerträglicher, daß sie recht hat! *zu Louisen tretend, und ihr starr in die Augen sehend* Mädchen, du wirst mich nicht überlisten. So warm sprechen Meinungen nicht. Hinter diesen Maximen* lauert ein feurigeres Interesse, das dir meine Dienste besonders abscheulich malt – das dein Gespräch so erhitzte – das ich *drohend* entdecken muß.

Maximen: Lebensgrundsätzen

LOUISE *gelassen und edel:* Und wenn Sie es nun entdeckten? und wenn ihr verächtlicher Fersenstoß* den beleidigten Wurm aufweckte, dem sein Schöpfer gegen Mißhandlung noch einen Stachel gab? – Ich fürchte Ihre Rache nicht, Lady – Die arme Sünderin auf dem berüchtig-

Fersenstoß: Fußtritt

ten Henkerstuhl lacht zu Weltuntergang. – Mein Elend ist so hoch gestiegen, daß selbst Aufrichtigkeit es nicht mehr vergrößern kann. *nach einer Pause, sehr ernsthaft* Sie wollen mich aus dem Staub meiner Herkunft reißen. Ich will sie nicht zergliedern diese verdächtige Gnade. Ich will nur fragen, was Milady bewegen konnte, mich für die Törin zu halten, die über ihre Herkunft errötet? Was sie berechtigen konnte, sich zur Schöpferin meines Glücks aufzuwerfen, ehe sie noch wußte, ob ich mein Glück auch von ihren Händen empfangen wolle? – Ich hatte meinen ewigen Anspruch auf die Freuden der Welt zerrissen. Ich hatte dem Glück seine Übereilung vergeben – Warum mahnen Sie mich aufs neu an dieselbe? – Wenn selbst die Gottheit dem Blick der Erschaffenen ihre Strahlen verbirgt, daß nicht ihr oberster Seraph* vor seiner Verfinsterung zurückschaure – warum wollen Menschen so grausambarmherzig sein? – Wie kommt es Milady, daß Ihr gepriesenes Glück das Elend so gern um Neid und Bewunderung anbettelt? – Hat ihre Wonne die Verzweiflung so nötig zur Folie*? – O lieber! So gönnen Sie mir doch eine Blindheit, die mich allein noch mit meinem barbarischen Los versöhnt – Fühlt sich doch das Insekt in einem Tropfen Wassers so selig, als wär es ein Himmelreich, so froh und so selig, bis man ihm von einem Weltmeer erzählt, worin Flotten und Wallfische spielen! – – – Aber glücklich wollen sie mich ja wissen? *nach einer Pause plötzlich zur Lady hintretend und mit Überraschung* sie fragend* Sind Sie glücklich, Milady? *diese verläßt sie schnell und betroffen, Louise folgt ihr, und hält ihr die Hand vor den Busen* Hat dieses Herz auch die lachende Gestalt Ihres Standes? Und wenn wir jetzt Brust gegen Brust, und Schicksal gegen Schicksal auswechseln sollten – und wenn ich in kindlicher Unschuld – und wenn ich auf ihr Gewissen – und wenn ich als meine Mutter Sie fragte – Würden Sie mir wohl zu dem Tausche raten?

sechsflügeliger Engel im AT. Er steht an Gottes Thron.

Hintergrund, vor dem sich die Wonne der Lady abhebt.

unvermittelt

LADY *heftig bewegt in den Sopha sich werfend:* Unerhört! Unbegreiflich! Nein Mädchen! Nein! Diese Größe hast du nicht auf die Welt gebracht, und für einen Vater ist sie zu jugendlich. Lüge mir nicht. Ich höre einen andern Lehrer –

LOUISE *fein und scharf ihr in die Augen sehend:* Es sollte mich doch wundern, Milady, wenn Sie jetzt erst auf diesen Lehrer fielen, und doch vorhin schon eine Kondition* für mich wußten.

hier: Stellung als Bedienstete

LADY *springt auf:* Es ist nicht auszuhalten! – Ja denn! weil ich dir doch nicht entwischen kann. Ich kenn ihn – weiß alles – weiß mehr als ich wissen mag *plötzlich hält sie inne, darauf mit einer Heftigkeit, die nach und nach bis beinahe zum Toben steigt* Aber wag' es, Unglückliche – wag es, ihn jetzt noch zu lieben, oder von ihm geliebt zu werden – Was sage ich? – Wag es an ihn zu denken, oder einer von seinen Gedanken zu sein – Ich bin mächtig, Unglückliche – fürchterlich – So wahr Gott lebt! du bist verloren!

LOUISE *standhaft:* Ohne Rettung Milady, sobald Sie ihn zwingen, daß er Sie lieben muß.

LADY Ich verstehe dich – aber er soll mich nicht lieben. Ich will über diese schimpfliche Leidenschaft siegen, mein Herz unterdrücken, und das deinige zermalmen – Felsen und Abgründe will ich zwischen euch werfen; eine Furie* will ich mitten durch euren Himmel gehn; mein Name soll eure Küsse wie ein Gespenst Verbrecher auseinander scheuchen; deine junge blühende Gestalt unter seiner Umarmung welk wie eine Mumie zusammenfallen – Ich kann nicht mit ihm glücklich werden – aber Du sollst es auch nicht werden – Wisse das Elende! Seligkeit zerstören ist auch Seligkeit.

Rachegöttin

LOUISE Eine Seligkeit, um die man Sie schon gebracht hat, Milady. Lästern Sie ihr eigenes Herz nicht. Sie sind nicht fähig das auszuüben, was Sie so drohend auf mich herabschwören. Sie sind nicht fähig ein Geschöpf zu quälen, das Ihnen nichts zu Leide getan, als daß es empfunden hat, wie Sie – Aber ich liebe Sie um dieser Wallung willen, Milady.

LADY *die sich jetzt gefaßt hat:* Wo bin ich? Wo war ich? Was hab ich merken lassen? Wen hab ichs merken lassen? – O Louise, edle, große, göttliche Seele! Vergibs einer Rasenden – Ich will dir kein Haar kränken, mein Kind. Wünsche! Fodre! Ich will dich auf den Händen tragen, deine Freundin, deine Schwester will ich sein – Du bist arm – Sieh! *einige Brillanten herunternehmend* Ich will diesen Schmuck verkaufen – meine Garderobe, Pferd und Wagen verkaufen – Dein sei alles, aber entsag Ihm!

Louise vermutete also, dass die Lady Wurm den Brief diktiert habe.

LOUISE *tritt zurück voll Befremdung:* Spottet Sie einer Verzweifelnden, oder sollte Sie an der barbarischen Tat im Ernst keinen Anteil* gehabt haben? – Ha! So könnt ich mir ja noch den Schein einer Heldin geben, und meine Ohnmacht zu einem Verdienst aufputzen *sie steht eine Weile gedankenvoll, dann tritt sie näher zur Lady, faßt ihre Hand und sieht sie starr und bedeutend an* Nehmen Sie ihn denn hin Milady – Freiwillig tret ich Ihnen ab den Mann, den man mit Haken der Hölle von meinem blutenden Herzen riß – – Vielleicht wissen Sie es selbst nicht, Milady, aber Sie haben den Himmel zweier Liebenden geschleift, voneinander gezerrt zwei Herzen, die Gott aneinander band; zerschmettert ein Geschöpf, das ihm nahe ging, wie Sie, das er zur Freude schuf, wie Sie, das ihn gepriesen hat, wie Sie, und ihn nun nimmermehr preisen wird – Lady! Ins Ohr des Allwissenden schreit auch der letzte Krampf des zertretenen Wurms – es wird ihm nicht gleichgültig sein, wenn man Seelen in seinen Händen mordet! Jetzt ist er Ihnen! Jetzt Milady nehmen Sie ihn hin! Rennen Sie in seine Arme! Reißen Sie ihn zum Altar – Nur vergessen Sie nicht, daß zwischen ihren Brautkuß das Gespenst einer Selbstmörderin stürzen wird – Gott wird barmherzig sein – Ich kann mir nicht anders helfen *sie stürzt hinaus*

Achte Szene

LADY *allein,*
steht erschüttert und außer sich, den starren Blick nach der Türe gerichtet, durch welche die Millerin weggeeilt, endlich erwacht sie aus ihrer Betäubung: Wie war das? Wie geschah mir? Was sprach die Unglückliche? – Noch o Himmel! noch zerreißen sie mein Ohr die fürchterlichen mich verdammenden Worte: Nehmen Sie ihn hin! – Wen Unglückselige? Das Geschenk deines Sterberöchelns – das schauervolle Vermächtnis deiner Verzweiflung! Gott! Gott! Bin ich so tief gesunken – so plötzlich von allen Thronen meines Stolzes herabgestürzt, daß ich heißhungrig erwarte, was einer Bettlerin Großmut aus ihrem letzten Todeskampfe mir zuwerfen wird? – Nehmen Sie ihn hin, und das spricht sie mit einem Tone, begleitet sie mit einem Blicke – – Ha! Emilie! Bist du darum über die Grenzen deines Geschlechts* weggeschritten? Mußtest du darum um den prächtigen Namen des großen brittischen Weibes buhlen, daß das prahlende Gebäude deiner Ehre neben der höheren Tugend einer verwahrlosten Bürgerdirne* versinken soll? – Nein stolze Unglückliche! Nein! – Beschämen läßt sich Emilie Milford – doch beschimpfen nie! Auch ich habe Kraft, zu entsagen.

Grenzen des üblichen weiblichen Verhaltens

bürgerliches Mädchen

mit majestätischen Schritten auf und nieder
Verkrieche dich jetzt weiches leidende Weib – Fahret hin süße goldene Bilder der Liebe – Großmut allein sei jetzt meine Führerin! – – Dieses liebende Paar ist verloren, oder Milford muß ihren Anspruch vertilgen, und im

Herzen des Fürsten erlöschen! *nach einer Pause, lebhaft* Zerbrochen alle Bande zwischen mir und dem Herzog, gerissen aus meinem Busen diese wütende Liebe! – – In deine Arme werf ich mich, Tugend! – Nimm sie auf, deine reuige Tochter Emilie! – Ha! wie mir so wohl ist! Wie ich auf einmal so leicht! so gehoben mich fühle! – Groß, wie eine fallende Sonne, will ich heut vom Gipfel meiner Hoheit heruntersinken, meine Herrlichkeit sterbe mit meiner Liebe, und nichts als mein H e r z begleite mich in diese stolze Verweisung* *entschlossen zum Schreibpult gehend* Jetzt gleich muß es geschehen – jetzt auf der Stelle, ehe die Reize des lieben Jünglings den blutigen Kampf meines Herzens erneuren.

Verbannung

Sie setzt sich nieder, und fängt an zu schreiben

Neunte Szene

Lady. ein Kammerdiener. Sophie, hernach der Hofmarschall. zuletzt Bediente.

KAMMERDIENER Hofmarschall von Kalb stehen im Vorzimmer mit einem Auftrag vom Herzog.

LADY *in der Hitze des Schreibens:* Auftaumeln wird sie die fürstliche Drahtpuppe! Freilich! der Einfall ist auch drollig genug, so eine Durchlauchtige Hirnschale auseinander zu treiben! – Seine Hofschranzen* werden wirbeln – Das ganze Land wird in Gärung kommen.

schmeicheln-
de Höflinge

KAMMERDIENER UND SOPHIE Der Hofmarschall, Milady –

LADY *dreht sich um:* Wer? Was? – Desto besser! Diese Sorte von Geschöpfen ist zum Sacktragen* auf der Welt. Er soll mir willkommen sein.

wie der Esel

KAMMERDIENER *geht ab*

SOPHIE *ängstlich näher kommend:* Wenn ich nicht fürchten müßte, Milady, es wäre Vermessenheit *Lady schreibt hitzig fort* Die Millerin stürzte außer sich durch den Vorsaal – Sie glühen – Sie sprechen mit sich selbst *Lady schreibt immer fort* Ich erschrecke – Was muß geschehen sein?

HOFMARSCHALL *tritt herein, macht dem Rücken der Lady tausend Verbeugungen; da sie ihn nicht bemerkt, kommt er näher, stellt sich hinter ihren Sessel, sucht den Zipfel ihres Kleids wegzukriegen* und drückt einen Kuß darauf, mit furchtsamen Lispeln:* Serenissimus* –

zu erhaschen

Anrede an den Fürsten

LADY *indem sie Sand streut und das Geschriebene durchfliegt:* Er wird mir schwarzen* Undank zur Last legen – Ich war eine Verlassene. Er hat mich aus dem Elend gezogen – Aus dem Elend? – Abscheulicher Tausch! – Zerreiße deine Rechnung, Verführer! Meine ewige Schamröte bezahlt sie mit Wucher.

größten

HOFMARSCHALL *nachdem er die Lady vergeblich von allen Seiten umgangen hat:* Milady scheinen etwas distrait* zu sein – Ich werde mir wohl selbst die Kühnheit erlauben müssen. *sehr laut* Serenissimus schicken mich, Milady zu fragen, ob diesen Abend ⌜Vauxhall⌝ sein werde, oder teutsche Komödie?

zerstreut

LADY *lachend aufstehend:* Eins von beiden, mein Engel – Unterdessen bringen Sie ihrem Herzog diese Charte zum Dessert! *gegen Sophien* Du, Sophie, befiehlst, daß man anspannen soll, und rufst meine ganze Garderobe* in diesen Saal zusammen. –

hier: Dienerschaft

SOPHIE *geht ab voll Bestürzung:* O Himmel! Was ahndet mir? Was wird das noch werden?

HOFMARSCHALL Sie sind echauffiert* meine Gnädige?

außer sich

LADY Um so weniger wird hier gelogen sein – Hurra Herr Hofmarschall! Es wird eine Stelle vakant*. Gut Wetter für Kuppler *da der Marschall einen zweifelhaften* Blick auf den Zettel wirft* Lesen Sie, lesen Sie! – Es ist mein Wille, daß der Inhalt nicht unter vier Augen bleibe.

frei

unentschlossenen

HOFMARSCHALL *liest; unterdessen sammeln sich die Bedienten der Lady im Hintergrund:*

»Gnädigster Herr,
Ein Vertrag, den Sie so leichtsinnig brachen, kann mich nicht mehr binden. Die Glückseligkeit Ihres Landes war die Bedingung meiner Liebe. Drei Jahre währte der Betrug. Die Binde fällt mir von den Augen; ich verabscheue Gunstbezeugungen, die von den Tränen der Untertanen triefen. – Schenken Sie die Liebe, die ich Ihnen nicht mehr erwidern kann, ihrem weinenden Lande, und lernen von einer brittischen Fürstin Erbarmen gegen Ihr teutsches Volk. In einer Stunde bin ich über der Grenze.

Johanna Norfolk*.«

ihr eigentlicher Name, den Namen Emilie Milford hatte sie angenommen

ALLE BEDIENTE *murmeln bestürzt durcheinander:* Über der Grenze?

HOFMARSCHALL *legt die Charte erschrocken auf den Tisch:* Behüte der Himmel, meine Beste und Gnädige! Den Überbringer müßte der Hals eben so jücken*, als der Schreiberin.

müsste um sein Leben fürchten

LADY Das ist deine Sorge du Goldmann – Leider weiß ich es, daß Du und Deinesgleichen am Nachbeten dessen, was andre getan haben, erwürgen*! – Mein Rat wäre, man backte den Zettel in eine Wildpretpastete, so fänden ihn Serenissimus auf dem Teller –

ersticken

HOFMARSCHALL Ciel!* Diese Vermessenheit! – So erwägen Sie doch, so bedenken Sie doch, wie sehr Sie sich in Disgrace* setzen, Lady!

Himmel!

Ungnade

LADY *wendet sich zu der versammelten Dienerschaft, und spricht das folgende mit der innigsten Rührung:* Ihr steht bestürzt guten Leute, erwartet angstvoll, wie sich das Rätsel entwickeln* wird? – Kommt näher, meine Lieben – Ihr dientet mir redlich und warm, sahet mir öfter in die Augen, als in die Börse, euer Gehorsam war eure Leidenschaft, euer Stolz – meine Gnade! – – Daß das Andenken eurer Treue zugleich das Gedächtnis meiner Erniedrigung sein muß! Trauriges Schicksal, daß meine schwärzesten Tage eure glücklichen waren! *mit*

lösen

Tränen in den Augen Ich entlasse euch meine Kinder – – Lady Milford ist nicht mehr, und Johanna von Norfolk zu arm, ihre Schuld abzutragen – Mein Schatzmeister stürze meine Schatulle* unter euch – Dieser Pallast bleibt dem Herzog – Der Ärmste von euch wird reicher von hinnen gehen als seine Gebieterin. *sie reicht ihre Hände hin, die alle nacheinander mit Leidenschaft küssen* Ich verstehe euch meine guten – Lebt wohl! lebt ewig wohl! *faßt sich aus ihrer Beklemmung* Ich höre den Wagen vorfahren. *sie reißt sich los, will hinaus, der Hofmarschall verrennt* ihr den Weg* Mann des Erbarmens, stehst du noch immer da?

verteile mein Privatvermögen

versperrt

HOFMARSCHALL *der diese ganze Zeit über mit einem Geistesbankerott* auf den Zettel sah:* Und dieses Billet soll ich Seiner Hochfürstlichen Durchlaut zu höchsteigenen Händen geben?

in völliger geistiger Abwesenheit

LADY Mann des Erbarmens! zu höchsteigenen Händen, und sollst melden zu höchsteigenen Ohren, weil ich nicht barfuß nach Loretto* könne, so werde ich um den Taglohn arbeiten, mich zu reinigen von dem Schimpf, ihn beherrscht zu haben. *Sie eilt ab. Alle übrigen gehen sehr bewegt auseinander.*

Loreto, Wallfahrtsort bei Ancona

Fünfter Akt

in der Dämmerung

Abends zwischen Licht, in einem Zimmer beim Musikanten*

Erste Szene

Louise sitzt stumm und ohne sich zu rühren in dem finstersten Winkel des Zimmers, den Kopf auf den Arm gesunken. Nach einer großen und tiefen Pause kommt Miller mit einer Handlaterne, leuchtet ängstlich im Zimmer herum, ohne Louisen zu bemerken, dann legt er den Hut auf den Tisch und setzt die Laterne nieder.

an allen (Stadt-)Toren

MILLER Hier ist sie auch nicht. Hier wieder nicht – Durch alle Gassen bin ich gezogen, bei allen Bekannten bin ich gewesen, auf allen Toren* hab ich gefragt – Mein Kind hat man nirgends gesehen *nach einigem Stillschweigen* Geduld armer unglücklicher Vater. Warte ab, bis es morgen wird. Vielleicht kommt deine Einzige dann an's Ufer geschwommen – – Gott! Gott! Wenn ich mein Herz zu abgöttisch an diese Tochter hing? – Die Strafe ist hart. Himmlischer Vater, hart! Ich will nicht murren, himmlischer Vater, aber die Strafe ist hart *er wirft sich gramvoll in einem Stuhl*

LOUISE *spricht aus dem Winkel:* Du tust recht, armer alter Mann! Lerne bei Zeit noch verlieren.

MILLER *springt auf:* Bist du da mein Kind? Bist du? – Aber warum denn so einsam und ohne Licht?

LOUISE Ich bin darum doch nicht einsam. Wenns so recht schwarz wird um mich herum, hab ich meine besten Besuche.

Nur das schlechte Gewissen meldet sich bei Nacht.

MILLER Gott bewahre dich! Nur der Gewissenswurm schwärmt mit der Eule.* Sünden und böse Geister scheuen das Licht.

LOUISE Auch die Ewigkeit Vater, die mit der Seele ohne Gehilfen redet.

MILLER Kind! Kind! Was für Reden sind das?

LOUISE *steht auf und kommt vorwärts:* Ich hab einen harten Kampf gekämpft. Er weiß es Vater. Gott gab mir Kraft. Der Kampf ist entschieden. Vater! man pflegt unser Geschlecht zart und zerbrechlich zu nennen. Glaub Er das nicht mehr. Vor einer Spinne schütteln wir uns, aber das schwarze Ungeheuer Verwesung drükken wir im Spaß in die Arme. Dieses zur Nachricht Vater. Seine Louise ist lustig.

MILLER Höre Tochter! Ich wollte du heultest. Du gefielst mir so besser.

LOUISE Wie ich ihn überlisten will, Vater. Wie ich den Tyrannen betrügen will! – Die Liebe ist schlauer als die Bosheit und kühner – das hat er nicht gewußt, der Mann mit dem traurigen Stern* – O! sie sind pfiffig, so lang sie es nur mit dem Kopf zu tun haben, aber sobald sie mit dem Herzen anbinden, werden die Böswichter dumm – – Mit einem Eid gedachte er seinen Betrug zu versiegeln? Eide, Vater, binden wohl die Lebendigen, im Tode schmilzt auch der Sakramente eisernes Band*. Ferdinand wird seine Louise kennen – Will er mir dies Billet besorgen; Vater? Will er so gut sein?

der Präsident mit seinem jämmerlichen Ordensstern

vgl. 82,25

MILLER An Wen, meine Tochter?

LOUISE Seltsame Frage! Die Unendlichkeit und mein Herz haben miteinander nicht Raum genug für einen einzigen Gedanken an ihn – Wenn* hätt ich denn wohl an sonst jemand schreiben sollen?

Wann

MILLER *unruhig* Höre Louise! Ich erbreche den Brief.

LOUISE Wie Er will, Vater – aber Er wird nicht klug daraus werden. Die Buchstaben liegen wie kalte Leichname da, und leben nur Augen der Liebe.

MILLER *liest:* »Du bist verraten, Ferdinand – ein Bubenstück ohne Beispiel zerriß den Bund unsrer Herzen, aber ein schröcklicher Schwur hat meine Zunge gebunden, und dein Vater hat überall seine Horcher gestellt. Doch wenn du Mut hast, Geliebter – ich weiß einen d r i t t e n Ort, wo kein Eidschwur mehr bindet, und wohin ihm kein Horcher geht« *Miller hält inne, und sieht ihr ernsthaft in's Gesicht.*

LOUISE Warum sieht Er mich so an? Les' Er doch ganz aus, Vater.

MILLER »Aber Mut genug mußt du haben, eine finstre Straße zu wandeln, wo dir nichts leuchtet als deine Louise und Gott – Ganz nur L i e b e mußt du kommen, daheim lassen all deine Hoffnungen, und alle deine brausenden Wünsche; nichts kannst du brauchen als dein Herz. Willst du – so brich auf, wenn die Glocke den zwölften Streich* tut auf dem Karmeliterturm*. Bangt dir – so durchstreiche das Wort s t a r k vor deinem Geschlechte, denn ein Mädchen hat dich zu schanden* gemacht« *Miller legt das Billet nieder, schaut lange mit einem schmerzlichen starren Blick vor sich hinaus, endlich kehrt er sich gegen sie, und sagt mit leiser gebrochener Stimme* Und dieser dritte Ort, meine Tochter?

Schlag
Kirchturm der Karmeliterkirche
beschämt

LOUISE Er kennt ihn nicht, Er kennt ihn wirklich nicht, Vater? – Sonderbar! Der Ort ist zum Finden gemalt. Ferdinand wird ihn finden.

MILLER Hum! Rede deutlicher.

LOUISE Ich weiß so eben kein liebliches Wort dafür –. Er muß nicht erschrecken Vater, wenn ich ihm ein häßliches nenne. Dieser Ort – O warum hat die Liebe nicht Namen erfunden! Den schönsten hätte sie diesem gegeben. Der dritte Ort, guter Vater – aber Er muß mich ausreden lassen – Der dritte Ort ist das G r a b.

MILLER *zu einem Sessel hin wankend:* O mein Gott!

LOUISE *geht auf ihn zu und hält ihn:* Nicht doch mein Vater! Das sind nur Schauer, die sich um das Wort herum lagern – Weg mit diesem, und es liegt ein Brautbette da, worüber der Morgen seinen goldenen Teppich breitet, und die Frühlinge ihre bunte Guirlanden streun. Nur ein heulender Sünder konnte den Tod ein Gerippe schelten; es ist ein holder niedlicher Knabe, blühend, wie sie den ⌜Liebesgott⌝ malen, aber so tücksich nicht – ein stiller dienstbarer Genius*, der der erschöpften Pilgerin Seele den Arm bietet über den Graben der Zeit, das Feenschloß der ewigen Herrlichkeit aufschließt, freundlich nickt, und verschwindet.

Seelenführer

MILLER Was hast du vor, meine Tochter? – Du willst eigenmächtig Hand an dich legen.

LOUISE Nenn Er es nicht so mein Vater. Eine Gesellschaft räumen, wo ich nicht wohl gelitten bin – An einen Ort vorausspringen, den ich nicht länger missen kann – Ist denn das Sünde?

MILLER Selbstmord ist die abscheulichste mein Kind – die einzige, die man nicht mehr bereuen kann, weil Tod und Missetat zusammenfallen.

LOUISE *bleibt erstarrt stehn:* Entsetzlich! – Aber so rasch wird es doch nicht gehn. Ich will in den Fluß springen, Vater, und im Hinuntersinken Gott den Allmächtigen um Erbarmen bitten.

MILLER Das heißt, du willst den Diebstahl bereuen, sobald du das Gestohlene in Sicherheit weißt – Tochter! Tochter! gib acht, daß du Gottes nicht spottest, wenn du seiner am meisten vonnöten hast. O! es ist weit! weit mit dir gekommen! – Du hast dein Gebet aufgegeben, und der Barmherzige zog seine Hand von dir.

LOUISE Ist lieben denn Frevel, mein Vater?

MILLER Wenn du Gott liebst, wirst du nie bis zum Frevel lieben – – Du hast mich tief gebeugt, meine Einzige! tief, tief, vielleicht zur Grube gebeugt. – Doch! ich will dir dein Herz nicht noch schwerer machen – Tochter! ich sprach vorhin etwas. Ich glaubte allein zu sein. Du hast mich behorcht, und warum sollt ich's noch länger geheim halten? Du warst mein Abgott. Höre Louise, wenn du noch Platz für das Gefühl eines Vaters hast – Du warst mein Alles. Jetzt vertust du nicht mehr von deinem Eigentum. Auch Ich hab alles zu verlieren. Du siehst, mein Haar fängt an grau zu werden. Die Zeit meldet sich allgemach bei mir, wo uns Vätern die Kapitale* zu statten kommen, die wir im Herzen unsrer Kinder anlegten – Wirst du mich darum betrügen, Louise? Wirst du dich mit dem Hab und Gut deines Vaters auf und davon machen?

das Kapital

LOUISE *küßt seine Hand mit der heftigsten Rührung:* Nein mein Vater. Ich gehe als Seine große Schuldnerin aus der Welt, und werde in der Ewigkeit mit Wucher bezahlen.

MILLER Gib acht, ob du dich da nicht verrechnest, mein Kind? *sehr ernst und feierlich* Werden wir uns dort wohl noch finden? – – Sieh! Wie du blaß wirst! – Meine Louise begreift es von selbst, daß ich sie in jener Welt nicht wohl mehr einholen kann, weil ich nicht so früh dahin eile, wie sie *Louise stürzt ihm in den Arm, von Schauern ergriffen – Er drückt sie mit Feuer an seine Brust und fährt fort mit beschwörender Stimme* o Tochter! Tochter! Gefallene, vielleicht schon verlorene Tochter! Beherzige das ernsthafte Vaterwort! Ich kann nicht über dich wachen. Ich kann dir die Messer nehmen, du kannst dich mit einer Stricknadel töten. Für Gift kann ich dich bewahren, du kannst dich mit einer Schnur Perlen erwürgen. – Louise – Louise – nur warnen kann ich dich noch – Willst du es darauf ankommen lassen, daß dein ⌜treuloses Gaukelbild⌝ auf der schröcklichen Brükke zwischen Zeit und Ewigkeit von dir weiche? Willst du dich vor des Allwissenden Thron mit der Lüge wagen: Deinetwegen, Schöpfer, bin ich da! wenn deine strafbare Augen ihre sterbliche Puppe* suchen? – Und wenn dieser zerbrechliche Gott deines Gehirns, jetzt Wurm wie du, zu den Füßen deines Richters sich windet, deine

Ferdinand

gottlose Zuversicht in diesem schwankenden Augenblick Lügen straft, und deine betrogene Hoffnungen an die ewige Erbarmung verweist, die der Elende für sich selbst kaum erflehen kann – Wie dann? *nachdrücklicher, lauter* Wie dann Unglückselige? *er hält sie fester, blickt sie eine Weile starr und durchdringend an, dann verläßt er sie schnell* jetzt weiß ich nichts mehr *mit aufgehobener Rechte* stehe dir, Gott Richter! für diese Seele nicht mehr*. Tu was du willst. Bring deinem schlanken Jüngling ein Opfer, daß deine Teufel jauchzen, und deine guten Engel zurücktreten – Zieh hin! Lade alle deine Sünden auf, lade auch diese, die letzte, die entsetzlichste auf, und wenn die Last noch zu leicht ist, so mache mein Fluch das Gewicht vollkommen – Hier ist ein Messer – durchstich dein Herz, und *indem er lautweinend fortstürzen will* das Vaterherz!

bin dir, Gott Richter, nicht mehr für diese Seele verantwortlich

LOUISE *springt auf und eilt ihm nach:* Halt! Halt! O mein Vater! – Daß die Zärtlichkeit noch barbarischer zwingt, als Tyrannenwut! – Was soll ich? Ich kann nicht! Was muß ich tun?

MILLER Wenn die Küsse deines Majors heißer brennen als die Tränen deines Vaters – stirb!

LOUISE *nach einem qualvollen Kampf mit einiger Festigkeit:* Vater! Hier ist meine Hand! Ich will – Gott! Gott! was tu ich? was will ich? – Vater ich schwöre – Wehe mir, wehe! Verbrecherin wohin ich mich neige*! – Vater es sei! – Ferdinand – Gott sieht herab! – So zernicht' ich sein letztes Gedächtnis* *sie zerreißt ihren Brief*

was ich auch tue

das letzte Gedenken an ihn

MILLER *stürzt ihr freudetrunken an den Hals:* Das ist meine Tochter! – Blick auf! Um einen Liebhaber bist du leichter, dafür hast du einen glücklichen Vater gemacht. *unter Lachen und Weinen sie umarmend* Kind! Kind, daß ich den Tag meines Lebens nicht wert war! Gott weiß, wie ich schlechter Mann zu diesem Engel gekommen bin! – Meine Louise, mein Himmelreich! – O Gott!

ich verstehe ja wenig vom Lieben, aber daß es eine Qual sein muß, aufzuhören – so was begreif ich noch.

LOUISE Doch hinweg aus dieser Gegend mein Vater – Weg von der Stadt, wo meine Gespielinnen meiner spotten, und mein guter Name dahin ist auf immerdar – Weg, weg, weit weg von dem Ort, wo mich so viele Spuren der verlorenen Seligkeit anreden – Weg, wenn es möglich ist –

MILLER Wohin du nur willst, meine Tochter. Das Brot unsers Herrgotts wächst überall, und Ohren wird er auch meiner Geige bescheren. Ja! Laß auch alles dahingehn – Ich setze* die Geschichte deines Grams auf die Laute, singe dann ein Lied von der Tochter, die, ihren Vater zu ehren, ihr Herz zerriss' – wir betteln mit der Ballade von Türe zu Türe, und das Almosen wird köstlich schmekken von den Händen der Weinenden –

komponiere [...] für die Laute

Zweite Szene

Ferdinand zu den Vorigen.

LOUISE *wird ihn zuerst gewahr, und wirft sich Millern laut schreiend um den Hals:* Gott! Da ist er! Ich bin verloren.

MILLER Wo? Wer?

LOUISE *zeigt mit abgewandtem Gesicht auf den Major, und drückt sich fester an ihren Vater:* Er! Er selbst! – Seh er nur um sich Vater – Mich zu ermorden ist er da.

MILLER *erblickt ihn, fährt zurück:* Was? Sie hier Baron?

FERDINAND *kommt langsam näher, bleibt Louisen gegenüber stehn, und läßt den starren forschenden Blick auf ihr ruhen, nach einer Pause:* Überraschtes Gewissen, habe Dank! Dein Bekenntnis ist schrecklich aber schnell und gewiß, und erspart mir die Folterung. – Guten Abend Miller.

MILLER Aber um Gotteswillen! Was wollen Sie Baron? Was führt Sie her? Was soll dieser Überfall?

FERDINAND Ich weiß eine Zeit, wo man den Tag in seine Sekunden zerstückte, wo Sehnsucht nach mir sich an die Gewichte der zögernden Wanduhr hing, und auf den Aderschlag* lauerte, unter dem ich erscheinen sollte – Wie kommts, daß ich jetzt überrasche?

Pulsschlag

MILLER Gehen Sie, gehen Sie Baron – Wenn noch ein Funke von Menschlichkeit in Ihrem Herzen zurückblieb – Wenn Sie die nicht erwürgen wollen, die Sie zu lieben vorgeben, fliehen Sie, bleiben Sie keinen Augenblick länger. Der Segen war fort aus meiner Hütte, sobald *Sie* einen Fuß darein setzten – *Sie* haben das Elend unter mein Dach gerufen, wo sonst nur die Freude zu Hause war. Sind Sie *noch* nicht zufrieden? Wollen Sie auch in der Wunde noch *wühlen*, die Ihre unglückliche Bekanntschaft meinem einzigen Kinde schlug?

FERDINAND Wunderlicher Vater, jetzt komm ich ja, deiner Tochter etwas erfreuliches zu sagen.

MILLER Neue Hoffnungen etwa zu einer neuen Verzweiflung? – Geh Unglücksbote! Dein Gesicht schimpft* deine Ware.

straft Lügen

FERDINAND Endlich ist es erschienen, das Ziel meiner Hoffnungen! Lady Milford, das furchtbarste Hindernis unsrer Liebe, floh diesen Augenblick aus dem Lande. Mein Vater billigt meine Wahl. Das Schicksal läßt nach, uns zu verfolgen. Unsre glücklichen Sterne gehen auf – Ich bin jetzt da, mein gegebenes Wort einzulösen, und meine Braut zum Altar abzuholen.

MILLER Hörst du ihn meine Tochter? Hörst du ihn sein Gespötte mit deinen getäuschten Hoffnungen treiben? O wahrlich Baron! Es steht dem Verführer so schön, an seinem Verbrechen seinen Witz noch zu kützeln*.

seinen Geist noch zu belustigen

FERDINAND Du glaubst, ich scherze. Bei meiner Ehre nicht! Meine Aussage ist *wahr*, wie die Liebe meiner Louise, und heilig will ich sie halten, wie *Sie* ihre Eide. – Ich kenne nichts heiligers – Noch zweifelst du? Noch kein freudiges Erröten auf den Wangen meiner schönen Gemahlin? Sonderbar! Die Lüge muß hier gangbare Münze* sein, wenn die Wahrheit so wenig Glauben findet. Ihr mißtraut meinen Worten? So glaubt diesem schriftlichen Zeugnis. *er wirft Louisen den Brief an den Marschall zu*

üblich sein

LOUISE *schlägt ihn auseinander, und sinkt leichenblaß nieder*

MILLER *ohne das zu bemerken, zum Major:* Was soll das bedeuten, Baron? Ich verstehe Sie nicht.

FERDINAND *führt ihn zu Louisen hin:* Desto besser hat mich diese verstanden!

MILLER *fällt an ihr nieder:* O Gott! meine Tochter!

FERDINAND Bleich wie der Tod! – Jetzt erst gefällt sie mir deine Tochter! So schön war sie nie die fromme rechtschaffne Tochter – Mit diesem Leichengesicht – – Der Odem des Weltgerichts, der den Firnis* von jeder Lüge streift, hat jetzt die Schminke verblasen, womit die Tausendkünstlerin* auch die Engel des Lichts hintergangen hat – Es ist ihr schönstes Gesicht! Es ist ihr erstes wahres Gesicht! Laß mich es küssen *er will auf sie zugehen*

Glanz, äußeren Schein

hier: Teuflin

MILLER Zurück! Weg! Greife nicht an das Vaterherz, Knabe! Vor deinen Liebkosungen konnt ich sie nicht bewahren, aber ich kann es vor deinen Mißhandlungen.

FERDINAND Was willst du Graukopf? Mit dir hab ich nichts zu schaffen. Menge dich ja nicht in ein Spiel, das so offenbar verloren ist – oder bist du auch vielleicht klüger, als ich dir zugetraut habe? Hast du die Weißheit deiner sechzig Jahre zu den Buhlschaften deiner Tochter geborgt, und dies ehrwürdige Haar mit dem Gewerb eines Kupplers geschändet? – O! wenn das nicht ist, unglücklicher alter Mann, lege dich nieder und stirb – Noch ist es Zeit. Noch kannst du in dem süßen Taumel entschlafen: Ich war ein glücklicher Vater! – einen Augenblick später, und du schleuderst die giftige Natter*

Louise

ihrer höllischen Heimat zu, verfluchst das Geschenk und den Geber, und fährst mit der Gotteslästerung in die Grube. *zu Louisen* Sprich Unglückselige! Schriebst du diesen Brief?

MILLER *warnend zu Louisen:* Um Gotteswillen Tochter! Vergiß nicht!* Vergiß nicht!

vgl. 82,25

LOUISE O dieser Brief mein Vater –

FERDINAND Daß er in die unrechte Hände fiel? – Gepriesen sei mir der Zufall, er hat größere Taten getan als die klügelnde Vernunft, und wird besser bestehn an jenem Tag als der Witz* aller Weisen – Zufall sage ich? – ⌜O die Vorsehung ist dabei, wenn Sperlinge fallen⌝, warum nicht, wo ein Teufel entlarvt werden soll? – Antwort will ich! – Schriebst du diesen Brief?

hier: Klugheit

MILLER *seitwärts zu ihr mit Beschwörung:* Standhaft! Standhaft meine Tochter! Nur noch das einzige J a, und alles ist überwunden.

FERDINAND Lustig! Lustig! Auch der Vater betrogen. Alles betrogen! Nun sieh, wie sie dasteht die Schändliche, und selbst ihre Zunge nun ihrer letzten Lüge den Gehorsam aufkündigt! Schwöre bei Gott! bei dem fürchterlich wahren! Schriebst du diesen Brief?

LOUISE *nach einem qualvollen Kampf, worin sie durch Blicke mit ihrem Vater gesprochen hat, fest und entscheidend:* Ich schrieb ihn.

FERDINAND *bleibt erschrocken stehen:* Louise – Nein! So wahr meine Seele lebt! du lügst – Auch die Unschuld bekennt sich auf der Folterbank zu Freveln, die sie nie beging – Ich fragte zu heftig – Nicht wahr Louise – Du bekanntest nur, weil ich zu heftig fragte?

LOUISE Ich bekannte was wahr ist.

FERDINAND Nein sag ich! Nein! Nein! Du schriebst nicht. Es ist deine Hand gar nicht – Und wäre sie's, warum sollten Handschriften schwerer nachzumachen sein, als Herzen zu verderben? Rede mir wahr Louise – oder nein, nein, tu es nicht, du könntest Ja sagen, und ich wär verloren – eine Lüge Louise – eine Lüge – O wenn du jetzt eine wüßtest, mir hinwärfest mit der offenen Engelmiene, nur mein Ohr, nur mein Aug überredetest, dieses Herz auch noch so abscheulich täuschtest – O Louise! Alle Wahrheit möchte dann mit diesem Hauch* aus der Schöpfung wandern, und die gute Sache ihren starren Hals von nun an zu einem höfischen Bückling beugen! *mit scheuem bebenden Ton* Schriebst du diesen Brief?

Atemzug

LOUISE Bei Gott! Bei dem fürchterlich wahren! Ja!

FERDINAND *nach einer Pause im Ausdruck des tiefsten Schmerzens:* Weib! Weib! – Das Gesicht, mit dem du jetzt vor mir stehst! – Teile mit diesem Gesicht Paradiese aus, du wirst selbst im Reich der Verdammnis keinen Käufer finden – Wußtest du, was du mir warest, Louise? Ohnmöglich! Nein! Du wußtest nicht, daß du mir Alles warst! Alles! – Es ist ein armes verächtliches Wort, aber die Ewigkeit hat Mühe, es zu umwandern, Weltsysteme vollenden ihre Bahnen darin – Alles! Und so frevelhaft damit zu spielen – O es ist schrecklich –

LOUISE Sie haben mein Geständnis Herr von Walter. Ich habe mich selbst verdammt. Gehen Sie nun! Verlassen Sie ein Haus, wo Sie so unglücklich waren.

FERDINAND Gut! Gut! Ich bin ja ruhig – ruhig, sagt man ja, ist auch der schaudernde Strich Landes, worüber die Pest ging – ich bins *nach einigem Nachdenken* Noch eine Bitte Louise – die letzte! Mein Kopf brennt so fieberisch. Ich brauche Kühlung – Willst du mir ein Glas Limonade zurecht machen *Louise geht ab*

Dritte Szene

Ferdinand und Miller.
Beide gehen ohne ein Wort zu reden einige Pausen lang auf den entgegengesetzten Seiten des Zimmers auf und ab.

MILLER *bleibt endlich stehen und betrachtet den Major mit trauriger Miene:* Lieber Baron, kann es Ihren Gram vielleicht mindern, wann ich Ihnen gestehe, daß ich sie herzlich bedaure?

FERDINAND Laß er es gut sein Miller *wieder einige Schritte* Miller, ich weiß nur kaum noch, wie ich in sein Haus kam – Was war die Veranlassung?

MILLER Wie Herr Major? Sie wollten ja Lektion auf der Flöte bei mir nehmen? Das wissen Sie nicht mehr?

FERDINAND *rasch:* Ich sah seine Tochter *wiederum einige Pausen* Er hat nicht Wort gehalten, Freund. Wir akkordierten* Ruhe für meine einsame Stunden. Er betrog mich, und verkaufte mir Skorpionen *da er Millers Bewegung sieht* Nein! Erschrick nur nicht alter Mann *gerührt an seinem Hals* Du bist nicht schuldig.

vereinbarten

MILLER *die Augen wischend:* Das weiß der allwissende Gott!

FERDINAND *aufs neue hin und her, in düstres Grübeln versunken:* Seltsam o unbegreiflich seltsam spielt Gott mit uns. An dünnen unmerkbaren Seilen hängen oft fürchterliche Gewichte – Wüßte der Mensch, daß er ⌜an diesem Apfel den Tod essen sollte⌝ – Hum! – wüßte er das? *heftiger auf und nieder, dann Millers Hand mit starker Bewegung fassend* Mann! ich bezahle dir dein Bißchen Flöte zu teuer – – und du gewinnst nicht einmal – auch du verlierst – verlierst vielleicht alles *gepreßt* von ihm weggehend* Unglückseliges Flötenspiel, das mir nie hätte einfallen sollen.

bedrückt

MILLER *sucht seine Rührung zu verbergen:* Die Limonade bleibt auch gar zulang außen. Ich denke, ich sehe nach, wenn Sie mirs nicht für übel nehmen –

FERDINAND Es eilt nicht lieber Miller *vor sich hin murmelnd* zumal für den Vater nicht – Bleib er nur – Was hatt ich dich fragen wollen? – Ja! – Ist Louise seine einzige Tochter? Sonst hat er keine Kinder mehr?

MILLER *warm:* Habe sonst keins mehr Baron – wünsch mir auch keins mehr. Das Mädel ist just so recht, mein ganzes Vaterherz einzustecken – hab meine ganze Barschaft von Liebe an der Tochter schon zugesetzt.

FERDINAND *heftig erschüttert:* Ha! – – Seh Er doch lieber nach dem Trank, guter Miller. *Miller geht ab*

Vierte Szene

FERDINAND *allein:*

Das einzige Kind! – Fühlst du das Mörder? Das einzige! Mörder! hörst du, das einzige? – Und der Mann hat auf der großen Welt Gottes nichts, als sein Instrument und das einzige – Du willst's ihm rauben?

Rauben? – Rauben den letzten Notpfennig einem Bettler? Die Krücke zerbrochen vor die Füße werfen dem Lahmen? Wie? Hab ich auch Brust für das*? – – Und wenn er nun heimeilt, und nicht erwarten kann, die ganze Summe seiner Freuden vom Gesicht dieser Tochter herunter zu zählen, und hereintritt, und sie da liegt die Blume – welk – tot – zertreten, mutwillig die letzte, einzige, unüberschwengliche* Hoffnung – Ha! und er da steht vor ihr, und da steht, und ihm die ganze Natur den lebendigen Odem anhält, und sein erstarrter Blick die entvölkerte Unendlichkeit fruchtlos durchwandert, Gott sucht, und Gott nicht mehr finden kann, und leerer zurück kommt – – Gott! Gott! aber auch mein Vater hat diesen einzigen Sohn – den einzigen Sohn, doch nicht den einzigen Reichtum – *nach einer Pause* Doch wie? was verliert er denn? Das Mädchen, dem die heiligsten

Mut dazu

unüberbietbare

Gefühle der Liebe nur Puppen waren, wird es den Vater glücklich machen können? – Es wird nicht! Es wird nicht! Und ich verdiene noch Dank, daß ich die Natter zertrete, ehe sie auch noch den Vater verwundet.

Fünfte Szene

Miller der zurück kommt und Ferdinand.

MILLER Gleich sollen Sie bedient sein, Baron. Draußen sitzt das arme Ding, und will sich zu Tode weinen. Sie wird Ihnen mit der Limonade auch Tränen zu trinken geben.

FERDINAND Und wohl, wenns nur Tränen wären! – – Weil wir vorhin von der Musik sprachen Miller *eine Börse ziehend* Ich bin noch sein Schuldner.

MILLER Wie? Was? Gehen Sie mir Baron! Wofür halten Sie mich? Das steht ja in guter Hand, tun Sie mir doch den Schimpf nicht an, und sind wir ja, wills Gott, nicht das letztemal bei einander.

FERDINAND Wer kann das wissen? Nehm er nur. Es ist für Leben und Sterben.

MILLER *lachend:* O deswegen Baron! Auf den Fall, denk ich, kann mans wagen bei Ihnen.

FERDINAND Man wagte wirklich – Hat er nie gehört, daß Jünglinge gefallen sind – Mädchen und Jünglinge, die Kinder der Hoffnung, die Luftschlösser betrogener Väter – Was Wurm* und Alter nicht tun, kann oft ein Donnerschlag ausrichten – Auch seine Louise ist nicht unsterblich.

Verfall

MILLER Ich hab sie von Gott.

FERDINAND Hör er – Ich sag ihm, sie ist nicht unsterblich. Diese Tochter ist sein Augapfel. Er hat sich mit Herz und Seel an diese Tochter gehängt. Sei er vorsichtig Miller. Nur ein verzweifelter Spieler setzt alles auf einen einzigen Wurf. Einen Waghals nennt man den Kaufmann, der auf ein Schiff sein ganzes Vermögen ladet – Hör er, denk er der Warnung nach – – Aber warum nimmt er sein Geld nicht?

riesige

MILLER Was Herr? Die ganze allmächtige* Börse? Wohin denken Euer Gnaden?

FERDINAND Auf meine Schuldigkeit – Da! *er wirft den Beutel auf den Tisch, daß Goldstücke herausfallen* Ich kann den Quark nicht eine Ewigkeit so halten.

Zerstreutheit

MILLER *bestürzt:* Was beim großen Gott? Das klang nicht wie Silbergeld! *er tritt zum Tisch, und ruft mit Entsetzen* Wie um aller Himmel willen Baron? Baron? Wo sind Sie? Was treiben Sie Baron? Das nenn ich mir Zerstreuung*! *mit zusammengeschlagenen Händen* Hier liegt ja – oder bin ich verhext, oder – Gott verdamm mich! Da greif ich ja das bare gelbe leibhafte Gottesgold – – Nein Satanas! Du sollst mich nicht daran kriegen!

Wein

FERDINAND Hat er Alten oder Neuen* getrunken, Miller?

MILLER *grob:* Donner und Wetter! Da schauen Sie nur hin! – Gold!

FERDINAND Und was nun weiter?

MILLER Ins Henkers Namen – ich sage – ich bitte Sie um Gottes Christi willen – Gold!

FERDINAND Das ist nun freilich etwas merkwürdiges.

MILLER *nach einigem Stillschweigen zu ihm gehend mit Empfindung:* Gnädiger Herr, ich bin ein schlichter gerader Mann, wenn Sie mich etwa zu einem Bubenstück anspannen wollen – denn so viel Geld läßt sich, weiß Gott, nicht mit etwas Gutem verdienen.

FERDINAND *bewegt:* Sei er ganz getrost, lieber Miller. Das Geld hat er längst verdient, und Gott bewahre mich, daß ich mich mit seinem guten Gewissen dafür bezahlt machen sollte.

MILLER *wie ein Halbnarr in die Höhe springend:* Mein also! Mein! Mit des guten Gottes Wissen und Willen, mein! *nach der Türe laufend, schreiend* Weib! Tochter! Viktoria!* Herbei! *zurück kommend* Aber du lieber Himmel! wie komm ich denn so auf einmal zu dem ganzen grausamen Reichtum? Wie verdien ich ihn? Lohn ich ihn? Heh?

FERDINAND Nicht mit seinen Musikstunden, Miller – Mit dem Geld hier bezahl ich ihm *von Schauern ergriffen hält er inn* bezahl ich ihm *nach einer Pause mit Wehmut* den dreimonatlangen glücklichen Traum von seiner Tochter.

MILLER *faßt seine Hand, die er stark drückt:* Gnädiger Herr! Wären Sie ein schlechter geringer Bürgersmann – *rasch* und mein Mädel liebte Sie nicht? Erstechen wollt ich's, das Mädel *wieder beim Geld, darauf niedergeschlagen* Aber da hab ich ja nun alles, und Sie nichts, und da werd ich nun das ganze Gaudium* wieder heraus blechen müssen? Heh?

FERDINAND Laß er sich das nicht anfechten*, Freund – Ich reise ab, und in dem Land, wo ich mich zu setzen gedenke, gelten die Stempel* nicht.

MILLER *unterdessen mit unverwandten Augen auf das Gold hingeheftet, voll Entzückung:* Bleibts also mein? Bleibts? – Aber das tut mir nur leid, daß Sie verreisen – Und wart, was ich jetzt auftreten will! Wie ich die Backen jetzt voll nehmen will! *er setzt den Hut auf, und schießt durch das Zimmer* Und auf dem Markt* will ich meine Musikstunden geben, und Numero fünfe Dreikönig* rauchen, und wenn ich wieder auf den Dreibatzenplatz* sitze, soll mich der Teufel holen. *will fort*

FERDINAND Bleib Er! Schweig Er! und streich Er sein Geld ein. *nachdrücklich* Nur diesen Abend noch schweig Er, und geb Er, mir zu Gefallen, von Nun an keine Musikstunden mehr.

MILLER *noch hitziger, und ihn hart an der Weste fassend voll inniger Freude:* Und Herr! meine Tochter! *ihn wie-*

Sieg!

Freude

Mach er sich darüber keine Sorgen.

Münzen

öffentlich, ohne Bezahlung

teure Tabaksorte

billigster Platz im Theater

der loslassend Geld macht den Mann nicht – Geld nicht – Ich habe Kartoffeln gegessen oder ein wildes Huhn; satt ist satt, und dieser Rock da ist ewig gut, wenn Gottes liebe Sonne nicht durch den Ärmel scheint – Für mich ist das Plunder – Aber dem Mädel soll der Segen bekommen, was ich ihr nur an den Augen absehen kann, soll sie haben –

FERDINAND *fällt rasch ein:* Stille, o Stille –

MILLER *immer feuriger:* Und soll mir Französisch lernen aus dem Fundament*, und Menuettanzen, und Singen, daß mans in den Zeitungen lesen soll; und eine Haube soll sie tragen wie die Hofratstöchter, und einen ⌜Kidebarri⌝, wie sies heißen, und von der Geigerstochter soll man reden auf vier Meilen weit –

von Grund auf

FERDINAND *ergreift seine Hand mit der schrecklichsten Bewegung:* Nichts mehr! Nichts mehr! Um Gottes Willen, schweig er still! Nur noch heute schweig er still, das sei der einzige Dank, den ich von ihm fordre.

Sechste Szene

Louise mit der Limonade und die Vorigen.

LOUISE *mit rotgeweinten Augen, und zitternder Stimme, indem sie dem Major das Glas auf einem Teller bringt:* Sie befehlen, wenn sie nicht stark genug ist?

FERDINAND *nimmt das Glas, setzt es nieder, und dreht sich rasch gegen Millern:* O beinahe hätt ich das vergessen! – Darf ich Ihn um etwas bitten lieber Miller? Will Er mir einen kleinen Gefallen tun?

MILLER Tausend für einen! Was befehlen – –

FERDINAND Man wird mich bei der Tafel erwarten. Zum Unglück hab ich eine sehr böse Laune. Es ist mir ganz unmöglich, unter Menschen zu gehn – Will Er einen Gang tun zu meinem Vater und mich entschuldigen?

LOUISE *erschrickt und fällt schnell ein:* Den Gang kann ja Ich tun.

MILLER Zum Präsidenten?

FERDINAND Nicht zu ihm selbst. Er übergibt seinen Auftrag in der Garderobe* einem Kammerdiener – Zu seiner Legitimation* ist hier meine Uhr – Ich bin noch da, wenn er wieder kommt. – Er wartet auf Antwort.

Garderobe: hier: Dienerzimmer
Legitimation: Beglaubigung

LOUISE *sehr ängstlich:* Kann denn Ich das nicht auch besorgen?

FERDINAND *zu Millern, der eben fort will:* Halt, und noch etwas! Hier ist ein Brief an meinen Vater, der diesen Abend an mich eingeschlossen* kam – Vielleicht dringende Geschäfte – Es geht in einer Bestellung hin –

eingeschlossen: in einen an Ferdinand adressierten Brief eingelegt

MILLER Schon gut, Baron!

LOUISE *hängt sich an Ihn, in der entsetzlichsten Bangigkeit:* Aber mein Vater, dies alles könnt ich ja recht gut besorgen.

MILLER Du bist allein, und es ist finstre Nacht meine Tochter. *ab*

FERDINAND Leuchte deinem Vater, Louise. *während dem, daß sie Millern mit dem Licht begleitet, tritt er zum Tisch, und wirft Gift in ein Glas Limonade:* Ja! Sie soll dran! Sie soll! Die obern Mächte nicken mir ihr schreckliches Ja herunter, die Rache des Himmels unterschreibt, ihr guter Engel* läßt sie fahren –

guter Engel: Schutzengel

Siebente Szene

Ferdinand und Louise.
Sie kommt langsam mit dem Lichte zurück, setzt es nieder, und stellt sich auf die entgegen gesetzte Seite vom Major, das Gesicht auf den Boden geschlagen, und nur zuweilen furchtsam und verstohlen nach ihm herüber schielend. Er steht auf der andern Seite, und sieht starr vor sich hinaus.

Großes Stillschweigen, das diesen Auftritt ankündigen muß.

begleiten

LOUISE Wollen Sie mich akkompagnieren* Herr von Walter, so mach ich einen Gang auf dem Fortepiano. *sie öffnet den Pantalon**

Vorläufer des Hammerklaviers

Ferdinand gibt ihr keine Antwort. Pause

Gegenpartie

LOUISE Sie sind mir auch noch Revange* auf dem Schachbrett schuldig. Wollen wir eine Partie Herr von Walter?

Eine neue Pause.

LOUISE Herr von Walter, die Brieftasche, die ich Ihnen einmal zu sticken versprochen – Ich habe sie angefangen – Wollen sie das Dessein* nicht besehen?

Stickmuster

Wieder eine Pause.

LOUISE O ich bin sehr elend!

FERDINAND *in der bisherigen Stellung:* Das könnte wahr sein.

LOUISE Meine Schuld ist es nicht, Herr von Walter, daß Sie so schlecht unterhalten werden.

FERDINAND *lacht beleidigend vor sich hin:* Denn was kannst du für meine blöde* Bescheidenheit?

hier: schüchterne

LOUISE Ich hab es ja wohl gewußt, daß wir jetzt nicht zusammen taugen. Ich erschrak auch gleich, ich bekenne es, als Sie meinen Vater verschickten* – Herr von Walter, ich vermute, dieser Augenblick wird uns beiden gleich unerträglich sein – Wenn sie mirs erlauben wollen, so geh ich, und bitte einige von meinen Bekannten her.

fortschickten

FERDINAND O ja doch, das tu. Ich will auch gleich gehn, und von den meinigen bitten.

LOUISE *sieht ihn stutzend an:* Herr von Walter?

FERDINAND *sehr hämisch:* Bei meiner Ehre! der gescheideste Einfall, den ein Mensch in dieser Lage nur haben kann. Wir machen aus diesem verdrüßlichen Duett eine Lustbarkeit, und rächen uns mit Hilfe gewisser Galanterien* an den Grillen* der Liebe.

hier: Liebeshändel

Launen

LOUISE Sie sind aufgeräumt, Herr von Walter?

FERDINAND Ganz außerordentlich, um die Knaben auf dem Markt hinter mir herzujagen! Nein! in Wahrheit Louise. Dein Beispiel bekehrt mich – Du sollst meine Lehrerin sein. Toren sinds, die von ewiger Liebe schwatzen, ewiges Einerlei widersteht, Veränderung nur ist das Salz des Vergnügens – Topp Louise! Ich bin dabei – Wir hüpfen von Roman zu Romane*, wälzen uns von Schlamme zu Schlamm – Du dahin – Ich dorthin – Vielleicht, daß meine verlorene Ruhe sich in einem Bordell wieder finden läßt – Vielleicht, daß wir dann nach dem lustigen Wettlauf, zwei modernde Gerippe, mit der angenehmsten Überraschung von der Welt zum zweitenmal aufeinander stoßen, daß wir uns da an dem gemeinschaftlichen Familienzug*, den kein Kind dieser Mutter* verleugnet, wie in Komödien wieder erkennen, daß Ekel und Scham noch eine Harmonie veranstalten, die der zärtlichsten Liebe unmöglich gewesen ist.

Romane: hier: Liebesaffäre zu Liebesaffäre

Familienzug: an den Symptomen der Geschlechtskrankheit (Syphilis)

Kind dieser Mutter: Bordellbesucher

LOUISE O Jüngling! Jüngling! Unglücklich bist du schon, willst du es auch noch verdienen?

FERDINAND *ergrimmt durch die Zähne murmelnd:* Unglücklich bin ich? Wer hat dir das gesagt? Weib, du bist zu schlecht, um selbst zu empfinden – womit kannst du eines andern Empfindungen wägen? – Unglücklich, sagte sie? – Ha! dieses Wort könnte meine Wut aus dem Grabe rufen! – Unglücklich mußt ich werden, das wußte sie. Tod und Verdammnis! das wußte sie, und hat mich dennoch verraten – Siehe Schlange! Das war der einzige Fleck* der Vergebung – Deine Aussage bricht dir den Hals – Bis jetzt konnt ich deinen Frevel mit deiner Einfalt beschönigen, in meiner Verachtung wärst du beinahe meiner Rache entsprungen. *indem er hastig das Glas ergreift* Also leichtsinnig warst du nicht – dumm warst du nicht – du warst nur ein Teufel *er trinkt* Die Limonade ist matt*, wie deine Seele – Versuche!

Fleck: Möglichkeit

matt: hier: abgestanden

LOUISE O Himmel! Nicht umsonst hab ich diesen Auftritt gefürchtet.

FERDINAND *gebieterisch:* Versuche!

LOUISE *nimmt das Glas etwas unwillig und trinkt*

FERDINAND *wendet sich, sobald sie das Glas an den Mund setzt, mit einer plötzlichen Erblassung weg, und eilt nach dem hintersten Winkel des Zimmers.*

LOUISE Die Limonade ist gut.

FERDINAND *ohne sich umzukehren, von Schauer geschüttelt:* Wohl bekomms!

LOUISE *nachdem sie es niedergesetzt:* O wenn Sie wüßten, Walter, wie ungeheuer Sie meine Seele beleidigen.

FERDINAND Hum!

LOUISE Es wird eine Zeit kommen, Walter –

FERDINAND *wieder vorwärts kommend:* O! Mit der Zeit wären wir fertig.

LOUISE Wo der heutige Abend schwer auf Ihr Herz fallen dürfte –

FERDINAND *fängt an stärker zu gehen, und beunruhigter zu werden, indem er Schärpe* und Degen von sich wirft:* Gute Nacht, Herrendienst*.

* Schärpe: Dienstabzeichen der Offiziere

* Herrendienst: Dienst beim Herzog

LOUISE Mein Gott! Wie wird Ihnen?

FERDINAND Heiß und enge – will mirs bequemer machen.

LOUISE Trinken Sie! Trinken Sie! Der Trank wird Sie kühlen.

FERDINAND Das wird er auch ganz gewiß – Die Metze ist gutherzig, doch! das sind alle!

LOUISE *mit dem vollen Ausdruck der Liebe ihm in die Arme eilend:* Das deiner Louise, Ferdinand?

FERDINAND *drückt sie von sich:* Fort! Fort! Diese sanfte schmelzende Augen weg! Ich erliege. Komm in deiner ungeheuren Furchtbarkeit, Schlange, spring an mir auf, Wurm – krame vor mir deine gräßliche Knoten aus, bäume deine Wirbel zum Himmel – So abscheulich als dich jemals der Abgrund sah – Nur keinen Engel mehr – Nur jetzt keinen Engel mehr – es ist zu spät – Ich muß dich zertreten, wie eine Natter, oder verzweifeln – Erbarme dich!

LOUISE O! Daß es so weit kommen mußte!

FERDINAND *sie von der Seite betrachtend:* Dieses schöne Werk des himmlischen Bildners – Wer kann das glauben? – Wer sollte das glauben? *ihre Hand fassend und emporhaltend* Ich will dich nicht zur Rede stellen, Gott Schöpfer – aber warum denn dein Gift in so schönen Gefäßen? – – Kann das Laster in diesem milden Himmelstrich fortkommen*? – O es ist seltsam.

gedeihen

LOUISE Das anzuhören, und schweigen zu müssen!

FERDINAND Und die süße melodische Stimme – Wie kann so viel Wohlklang kommen aus zerrissenen Saiten? *mit trunkenem Aug auf ihrem Anblick verweilend* Alles so schön – so voll Ebenmaß – so göttlich vollkommen! – Überall das Werk seiner himmlischen Schäferstunde! Bei Gott! als wäre die große Welt nur entstanden, den Schöpfer für dieses Meisterstück in Laune zu setzen! – – Und nur in der Seele sollte Gott sich vergriffen haben? Ist es möglich, daß diese empörende Mißgeburt in die Natur ohne Tadel kam? *indem er sie schnell verläßt* Oder sah er einen Engel unter dem Meißel hervorgehen, und half diesem Irrtum in der Eile mit einem desto schlechteren Herzen ab?

LOUISE O des frevelhaften Eigensinns! Ehe er sich eine Übereilung gestände, greift er lieber den Himmel an.

FERDINAND *stürzt ihr heftig weinend an den Hals:* Noch einmal Louise – Noch einmal, wie am Tag unsers ersten Kusses, da du Ferdinand stammeltest, und das erste Du auf deine brennende Lippen trat – O eine Saat unendlicher unaussprechlicher Freuden schien in dem Augenblick wie in der Knospe zu liegen – Da lag die Ewigkeit wie ein schöner Maitag vor unsern Augen; goldne Jahrtausende hüpften, wie Bräute, vor unsrer Seele vorbei – – Da war ich der Glückliche! – O Louise! Louise! Louise! Warum hast du mir das getan?

LOUISE Weinen Sie, weinen Sie Walter. Ihre Wehmut wird gerechter gegen mich sein, als Ihre Entrüstung.

FERDINAND Du betrügst dich. Das sind ihre Tränen nicht – Nicht jener warme wollüstige Tau, der in die Wunde der Seele balsamisch fließt, und das starre Rad der Empfindung wieder in Gang bringt. Es sind einzelne – kalte Tropfen – das schauerliche ewige Lebewohl meiner Liebe. *furchtbar-feierlich, indem er die Hand auf ihren Kopf sinken läßt* Tränen um deine Seele, Louise – Tränen um die Gottheit, die ihres unendlichen Wohlwollens hier verfehlte, die so mutwillig um das herrlichste ihrer Werke kommt – O mich deucht, die ganze Schöpfung sollte den Flor* anlegen, und über das Beispiel betreten sein, das in ihrer Mitte geschieht – Es ist was gemeines, daß Menschen fallen, und Paradiese verloren werden; aber wenn die Pest unter Engel wütet, so rufe man Trauer aus durch die ganze Natur.

Trauerflor

LOUISE Treiben Sie mich nicht aufs äußerste, Walter. Ich habe Seelenstärke so gut wie eine – aber sie muß auf eine menschliche Probe kommen. Walter, das Wort noch, und dann geschieden – – Ein entsetzliches Schicksal hat die Sprache unsrer Herzen verwirrt. Dürft ich den Mund auftun, Walter, ich könnte dir Dinge sagen – ich könnte – – aber das harte Verhängnis band meine Zunge, wie meine Liebe, und dulden muß ichs, wenn du mich wie eine gemeine Metze mißhandelst.

FERDINAND Fühlst du dich wohl, Louise?

LOUISE Wozu diese Frage?

FERDINAND Sonst sollte mirs leid um dich tun, wenn du mit dieser Lüge von hinnen müßtest.

LOUISE Ich beschwöre Sie Walter –

FERDINAND *unter heftigen Bewegungen:* Nein! Nein! zu satanisch wäre diese Rache! Nein, Gott bewahre mich! in jene Welt hinaus will ichs nicht treiben – Louise! Hast du den Marschall geliebt? Du wirst nicht mehr aus diesem Zimmer gehen.

LOUISE Fragen Sie was Sie wollen. Ich antworte nichts mehr. *sie setzt sich nieder*

FERDINAND *ernster:* Sorge für deine unsterbliche Seele, Louise! – Hast du den Marschall geliebt? Du wirst nicht mehr aus diesem Zimmer gehen.

LOUISE Ich antworte nichts mehr.

FERDINAND *fällt in fürchterlicher Bewegung vor ihr nieder:* Louise! hast du den Marschall geliebt? Ehe dieses Licht noch ausbrennt – stehst du – vor Gott!

LOUISE *fährt erschrocken in die Höhe:* Jesus! Was ist das? – – – und mir wird sehr übel. *sie sinkt auf den Sessel zurück*

FERDINAND Schon? – Über euch Weiber und das ewige Rätsel! Die zärtliche Nerve hält Freveln fest, die die Menschheit an ihren Wurzeln zernagen; ein elender Gran Arsenik wirft sie um –*

Sinn: Die weiblichen Nerven halten unmenschlichen Freveltaten stand, wohingegen ein bisschen Arsenik sie umwirft.

LOUISE Gift! Gift! O mein Herrgott!

FERDINAND So fürcht ich. Deine Limonade war in der Hölle gewürzt. Du hast sie dem Tod zugetrunken.

LOUISE Sterben! Sterben! Gott Allbarmherziger! Gift in der Limonade und sterben! – O meiner Seele erbarme dich Gott der Erbarmer!

FERDINAND Das ist die Hauptsache. Ich bitt ihn auch darum.

LOUISE Und meine Mutter – mein Vater – Heiland der Welt! mein armer verlorener Vater! Ist keine Rettung mehr? Mein junges Leben und keine Rettung! und muß ich jetzt schon dahin?

FERDINAND Keine Rettung, mußt jetzt schon dahin – aber sei ruhig. Wir machen die Reise zusammen.

LOUISE Ferdinand auch du! Gift Ferdinand! Von dir? O Gott vergiß es ihm – Gott der Gnade, nimm die Sünde von ihm –

FERDINAND Sieh du nach deinen Rechnungen – Ich fürchte, sie stehen übel.

LOUISE Ferdinand! Ferdinand! – O – Nun kann ich nicht mehr schweigen – der Tod – der Tod hebt alle Eide auf –

Ferdinand – Himmel und Erde hat nichts unglückseligers als dich – Ich sterbe unschuldig, Ferdinand.

FERDINAND *erschrocken:* Was sagt sie da? – Eine Lüge pflegt man doch sonst nicht auf d i e s e Reise zu nehmen?

LOUISE Ich lüge nicht – lüge nicht – hab nur e i n m a l gelogen mein Lebenlang – Huh! Wie das eiskalt durch meine Adern schauert – – als ich den Brief schrieb an den Hofmarschall –

FERDINAND Ha! dieser Brief! – Gottlob! Jetzt hab ich all meine Mannheit wieder.

krampfartig

LOUISE *ihre Zunge wird schwerer, ihre Finger fangen an gichterisch* zu zucken:* Dieser Brief – Fasse dich, ein entsetzliches Wort zu hören – Meine Hand schrieb, was mein Herz verdammte – dein Vater hat ihn diktiert.

FERDINAND *starr und einer Bildsäule gleich, in langer toter Pause hingewurzelt, fällt endlich wie von einem Donnerschlag nieder*

O welch beklagenswertes Missverständnis.

LOUISE O des kläglichen Mißverstands* – Ferdinand – Man zwang mich – vergib – deine Louise hätte den Tod vorgezogen – aber mein Vater – die Gefahr – sie machten es listig.

FERDINAND *schrecklich emporgeworfen:* Gelobet sei Gott! Noch spür ich den Gift nicht *er reißt den Degen heraus*

LOUISE *von Schwäche zu Schwäche sinkend:* Weh! Was beginnst du? Es ist dein Vater –

FERDINAND *im Ausdruck der unbändigsten Wut:* Mörder und Mördervater! – M i t muß er, daß der Richter der Welt nur gegen den Schuldigen rase *will hinaus*

LOUISE Sterbend vergab mein Erlöser – Heil über dich und ihn *sie stirbt*

FERDINAND *kehrt schnell um, wird ihre letzte sterbende Bewegung gewahr und fällt in Schmerz aufgelöst vor der Toten nieder:* Halt! Halt! Entspringe mir nicht Engel des

Himmels! *er faßt ihre Hand an, und läßt sie schnell wieder fallen* Kalt, kalt und feucht! Ihre Seele ist dahin *er springt wieder auf* Gott meiner Louise! Gnade! Gnade dem Verruchtesten der Mörder! Es war ihr letztes Gebet! – – Wie reizend und schön auch im Leichnam! Der gerührte Würger* ging schonend über diese freundliche Wangen hin – Diese Sanftmut war keine Larve* – sie hat auch dem Tod stand gehalten *nach einer Pause* Aber wie? Warum fühl ich nichts? Will die Kraft meiner Jugend mich retten? Undankbare Mühe! Das ist meine Meinung nicht *er greift nach dem Glase*

Würger: hier: der Tod
Larve: Maskerade

Letzte Szene

Ferdinand. Der Präsident. Wurm und Bediente welche alle voll Schrecken ins Zimmer stürzen, darauf Miller mit Volk und Gerichtsdienern, welche sich im Hintergrund sammeln.

PRÄSIDENT *den Brief in der Hand:* Sohn, was ist das? – Ich will doch nimmermehr glauben –

FERDINAND *wirft ihm das Glas vor die Füße:* So sieh Mörder!

PRÄSIDENT *taumelt hinter sich. Alle erstarren. Eine schröckhafte Pause:* Mein Sohn! Warum hast du mir das getan?

FERDINAND *ohne ihn anzusehen:* O ja freilich! Ich hätte den Staatsmann erst hören sollen, ob der Streich auch zu seinen Charten passe? – Fein und bewundernswert, ich gesteh's, war die Finte*, den Bund unsrer Herzen zu zerreißen durch Eifersucht – Die Rechnung hatte ein Meister gemacht, aber schade nur, daß die zürnende Liebe dem Draht nicht so gehorsam blieb, wie deine hölzerne Puppe*.

Finte: List
Puppe: der Hofmarschall

PRÄSIDENT *sucht mit verdrehten Augen im ganzen Kreis*

herum: Ist hier niemand, der um einen trostlosen Vater weinte?

MILLER *hinter der Szene rufend:* Laßt mich hinein! Um Gotteswillen! Laßt mich!

FERDINAND Das Mädchen ist eine Heilige – für sie muß ein anderer rechten* *er öffnet Millern die Türe, der mit Volk und Gerichtsdienern hereinstürzt*

Gott wird über Louise Recht sprechen.

MILLER *in der fürchterlichsten Angst:* Mein Kind! Mein Kind! – Gift – Gift, schreit man, sei hier genommen worden – Meine Tochter! Wo bist du?

FERDINAND *führt ihn zwischen den Präsidenten und Louisens Leiche:* Ich bin unschuldig – Danke diesem hier.

MILLER *fällt an ihr zu Boden:* O Jesus!

FERDINAND In wenig Worten Vater – sie fangen an mir kostbar zu werden – Ich bin bübisch* um mein Leben bestohlen, bestohlen durch Sie, Wie ich mit Gott stehe, zittre ich – doch ein Bösewicht bin ich niemals gewesen. Mein ewiges Los falle, wie es will – auf Sie fall es nicht – Aber ich hab einen Mord begangen *mit furchtbar erhobener Stimme* einen Mord, den du mir nicht zumuten wirst allein vor den Richter der Welt hinzuschleppen, feierlich walz ich dir hier die größte gräßlichste Hälfte zu, wie du damit zurecht kommen magst, siehe du selber *zu Louisen ihn hinführend* Hier Barbar! weide dich an der entsetzlichen Frucht deines Witzes, auf dieses Gesicht ist mit Verzerrungen Dein Name geschrieben, und die Würgengel werden ihn lesen – Eine Gestalt, wie diese, ziehe den Vorhang von deinem Bette, wenn du schläfst, und gebe dir ihre eiskalte Hand – Eine Gestalt, wie diese, stehe vor deiner Seele, wenn du stirbst, und dränge dein letztes Gebet weg. – Eine Gestalt, wie diese, stehe auf deinem Grabe, wenn du auferstehst – und neben Gott, wenn er dich richtet *er wird ohnmächtig, Bediente halten ihn*

hinterlistig

PRÄSIDENT *eine schreckliche Bewegung des Arms gegen*

den Himmel: Von mir nicht, von mir nicht, Richter der Welt, fodre diese Seelen von Diesem! *er geht auf Wurm zu*

WURM *auffahrend:* Von Mir?

PRÄSIDENT Verfluchter von dir! Von Dir Satan! – du, du gabst den ⌜Schlangenrat⌝ – Über Dich die Verantwortung – ⌜Ich wasche die Hände⌝.

WURM Über mich? *er fängt gräßlich an zu lachen* Lustig! Lustig! So weiß ich doch nun auch, auf was Art sich die Teufel danken. – Über mich dummer Bösewicht? War es mein Sohn? War ich dein Gebieter? – Über mich die Verantwortung? Ha! bei diesem Anblick, der alles Mark in meinen Gebeinen erkältet*! Über mich soll sie kommen! – Jetzt will ich verloren sein, aber Du sollst es mit mir sein – Auf! Auf! Ruft Mord durch die Gassen! Weckt die Justiz auf! Gerichtsdiener bindet mich! Führt mich von hinnen! Ich will Geheimnisse aufdecken, daß denen, die sie hören, die Haut schauern soll *will gehn*

erstarren lässt

PRÄSIDENT *hält ihn:* Du wirst doch nicht, Rasender?

WURM *klopft ihn auf die Schultern:* Ich werde, Kamerad! Ich werde – Rasend bin ich, das ist wahr – das ist dein Werk – so will ich auch jetzt handeln wie ein Rasender – Arm in Arm mit Dir zum Blutgerüst! Arm in Arm mit Dir zur Hölle! Es soll mich kitzeln*, Bube, mit Dir verdammt zu sein *er wird abgeführt*

ergötzen, erfreuen

MILLER *der die ganze Zeit über, den Kopf in Louisens Schoß gesunken, in stummem Schmerze gelegen hat, steht schnell auf und wirft dem Major die Börse vor die Füße:* Giftmischer! Behalt dein verfluchtes Gold! – Wolltest du mir mein Kind damit abkaufen? *er stürzt aus dem Zimmer*

FERDINAND *mit brechender* Stimme:* Geht ihm nach! Er verzweifelt – Das Geld hier soll man ihm retten – Es ist meine fürchterliche Erkenntlichkeit Louise – Louise – Ich komme – – Lebt wohl – – Laßt mich an diesem Altar verscheiden –

erlöschender

PRÄSIDENT *aus einer dumpfen Betäubung, zu seinem Sohn:* Sohn Ferdinand! Soll kein Blick mehr auf einen zerschmetterten Vater fallen? *der Major wird neben Louisen niedergelassen*

FERDINAND Gott dem Erbarmenden gehört dieser letzte.

PRÄSIDENT *in der schrecklichsten Qual vor ihm niederfallend:* Geschöpf und Schöpfer verlassen mich – Soll kein Blick mehr zu meiner letzten Erquickung fallen?

FERDINAND *reicht ihm seine sterbende Hand*

PRÄSIDENT *steht schell auf:* Er vergab mir! *zu den andern* Jetzt euer Gefangener! *er geht ab, Gerichtsdiener folgen ihm, der Vorhang fällt.*

Kommentar

Zeittafel

1759 Johann Christoph Friedrich Schiller wird am 10.11. als zweites Kind von Johann Caspar (1723–1796) und Elisabeth Dorothea Schiller, geb. Kodweiß (1732–1802), in Marbach am Neckar geboren. Der Vater, Offizier in herzoglich-württembergischen Diensten, nahm mit seinem Regiment am Siebenjährigen Krieg (1756–1763) gegen Preußen teil, so dass das Kind die ersten Lebensjahre mit der Mutter allein verbrachte.

1766 Rückkehr des Vaters in die Garnison in Ludwigsburg.

1767–1772 Eintritt in die Lateinschule von Ludwigsburg. *Götz von Berlichingen* (1773) von Johann Wolfgang von Goethe (1749–1832) erscheint.

1773–1780 Eintritt in die ›Militär-Pflanzschule‹ des Herzogs Karl Eugen von Württemberg (1728–1793) auf Schloß Solitude bei Stuttgart, aus der die ›Hohe Karlsschule‹ (1775) hervorgeht; häufige Erkrankungen beeinträchtigen Schillers Schulleistungen. *Von deutscher Art und Kunst* (1773) von Johann Gottfried von Herder (1744–1803) erscheint.

1774 Beginn des Studiums der Jurisprudenz. Goethes *Die Leiden des jungen Werthers*.

1776 Schiller wechselt zum Studium der Medizin über. *Die Kindsmörderin* von Heinrich Leopold Wagner (1747–1779).

1777 Schiller arbeitet an *Die Räuber*. Verhaftung des Dichters Christian Friedrich Daniel Schubart (1739–1791); *Sturm und Drang* von Friedrich Maximilian Klinger (1752–1831).

1779 Anlässlich des Geburtstags der Franziska Reichsgräfin von Hohenheim (1748–1811) am 10.1. hält Schiller eine öffentliche *Rede über die Frage: Gehört allzuviel Güte, Leutseeligkeit und grosse Freygebigkeit im engsten Verstande zur Tugend?* Eröffnung des Mannheimer Nationaltheaters.

1780 Ausarbeitung der *Räuber*; Medizinische Dissertation

Schillers: *Versuch über den Zusammenhang der tierischen Natur des Menschen mit seiner geistigen*; 15.12.: Entlassung aus der Militärakademie; Regimentsmedikus des Grenadierregiments von Augé in Stuttgart mit einem Monatsgehalt von nur 18 Gulden.

1781 Lektüre oder Besuch einer Aufführung des Schauspiels *Der deutsche Hausvater* (1780) von Otto Heinrich Reichsfreiherr von Gemmingen (1755–1836).

1782 13.1: Uraufführung der *Räuber* in Mannheim. Schiller reist ohne herzogliche Erlaubnis dorthin und wird nach einer zweiten Mannheim-Reise mit 14 Tagen Arrest bestraft; Verbot der Schriftstellerei; 2.9.: Flucht Schillers aus Stuttgart mit Andreas Streicher (1761–1833) nach Mannheim und am 3./4.10. weiter nach Frankfurt/M. und Oggersheim. Unterwegs Beschäftigung mit Plänen zu *Louise Millerin*. Dez. 1782 – Juli 1783: Schiller schreibt während seines Aufenthalts in Bauerbach bei Meiningen auf dem Gut seiner Gönnerin Henriette von Wolzogen (1745–1788) weiter an dem Stück.

1783 20.7.: Uraufführung des *Fiesco* in Bonn; 13.8.: Leseprobe der *Louise Millerin* vor dem Mannheimer Intendanten Wolfgang Heribert Freiherr von Dalberg (1750–1806). 1.9.: Schiller tritt seine Stelle als Mannheimer Theaterdichter an, mit der Verpflichtung, innerhalb eines Jahres drei Dramen zu schreiben; Arbeit am *Don Karlos*.

1784 11.1.: *Fiesco* erstmals in Mannheim gespielt; Uraufführung von *Kabale und Liebe* in Frankfurt (13.4.) und Mannheim (15.4.); programmatische Rede Schillers vor der Deutschen Gesellschaft in Mannheim: *Vom Wirken der Schaubühne auf das Volk* (später u. d. T. *Was kann eine gute stehende Schaubühne eigentlich wirken?* in der *Rheinischen Thalia* veröffentlicht, gedruckt in den *Kleineren prosaischen Schriften* u. d. T. *Die Schaubühne als moralische Anstalt betrachtet*); Bekanntschaft mit Charlotte von Kalb (1761–1853); Vertrag mit dem Mannheimer Nationaltheater nicht verlängert; Karl August von Sachsen-Anhalt-Weimar (1757–1828) verleiht Schiller den Titel eines Rates.

1785 Abreise von Mannheim nach Leipzig; Bekanntschaft mit Christian Gottfried Körner (1756–1831); erstes und zweites Heft der *Rheinischen Thalia.*

1786 Beginn des Geschichtsstudiums; *Verbrecher aus verlorener Ehre* verfasst; Arbeit am *Geisterseher.*

1787 Begegnung mit Herder und Christoph Martin Wieland (1733–1813) in Weimar; Mitglied der Jenaer *Allgemeinen Literatur-Zeitung*; 29.8.: Uraufführung des *Don Karlos* in Hamburg.

1788 Erste Begegnung mit Goethe in Rudolstadt; Goethe schlägt Schiller für eine Professur in Jena vor; *Geschichte des Abfalls der vereinigten Niederlande von der spanischen Regierung.*

1789 Ernennung zum Professor in Jena; 26.5.:Antrittsvorlesung: *Was heißt und zu welchem Ende studiert man Universalgeschichte?*

1790 Ernennung zum Hofrat; Gewährung einer jährlichen Pension von 200 Talern; Heirat mit Charlotte von Lengefeld (1766–1826); *Geschichte des Dreißigjährigen Krieges,* 1. und.2. Buch.

1791 Schwere Erkrankung; Erholungsreise nach Karlsbad; Kant-Studien; Angebot des Herzogs Friedrich Christian von Schleswig-Holstein-Augustenburg (1765–1814) und des Ministers Graf Ernst von Schimmelmann (1747–1831), Schiller 3 000 Taler zum Geschenk zu machen; *Geschichte des Dreißigjährigen Krieges,* 3. Buch.

1792 1.1.: Die französische Nationalversammlung erteilt Schiller das französische Bürgerrecht; Vorlesungen über Ästhetik; *Geschichte des Dreißigjährigen Krieges*, Abschluss des 3. Buches, 4. und 5. Buch; Erstaufführung von *Kabale und Liebe* in Stuttgart; es bleibt bei der einmaligen Inszenierung, weitere Vorstellungen werden verboten; *Kleinere prosaische Schriften* I.

1793 21.1.: Hinrichtung Ludwigs XVI. von Frankreich; Vorlesungen über Ästhetik; längere Reise mit Charlotte von Lengefeld nach Schwaben; Geburt des ersten Sohnes Karl Friedrich Ludwig (1793–1857); *Über Anmut und Würde*; *Vom Erhabenen.* Tod des Herzogs Karl Eugen von Württemberg.

1794 Rückreise von Stuttgart nach Jena; Begegnung mit Goethe in Jena bei der Tagung der Naturforschenden Gesellschaft; Freundschaft mit Wilhelm von Humboldt (1767–1835).

1795 Ablehnung der Berufung als Philosophieprofessor nach Tübingen; *Über die ästhetische Erziehung des Menschen.*

1796 Geburt des zweiten Sohnes Ernst Friedrich Wilhelm (1796–1841); Tod des Vaters; *Über naive und sentimentalische Dichtung.*

1797 Arbeit am *Wallenstein.*

1798/99 Uraufführung der drei Teile des *Wallenstein* in Weimar; 3.12.: Schiller zieht nach Weimar um.

1800 14.6.: Uraufführung von *Maria Stuart* in Weimar; Buchausgabe des *Wallenstein*; *Kleinere prosaische Schriften* II.

1801 11.9.: Uraufführung von *Die Jungfrau von Orleans* in Leipzig; *Kleinere prosaische Schriften* III.

1802 Tod der Mutter; Schiller erhält das Adelsdiplom aus Wien; *Kleinere prosaische Schriften* IV.

1803 19.3.: Uraufführung der *Braut von Messina* in Weimar.

1804 Geburt der Tochter Emilie Henriette Luise (1804–1872); 17.3.: Uraufführung des *Wilhelm Tell* in Weimar.

1805 Uraufführung der *Phädra* (1677) von Jean Racine (1639–1699) in Schillers Übersetzung; Beschäftigung mit dem *Demetrius*; 9.5.: Tod Schillers; 11.5.: Bestattung.

1827 16.12.: Überführung in die Fürstengruft in Weimar.

Entstehung

Angesichts der Quellenlage ist es nicht möglich, präzise Aussagen über den Zeitpunkt zu machen, an dem Schiller sein drittes Drama *Kabale und Liebe* zu entwerfen begann. Es liegen nämlich zwei voneinander abweichende Äußerungen zu Schillers frühester Beschäftigung mit seinem Stück *Louise Millerin*, das er später *Kabale und Liebe* nannte, vor. Das erste Zeugnis stammt von Schillers Schwägerin Caroline von Wolzogen (1763–1847):

> »Zur zweiten Vorstellung der *Räuber*, im Mai 1782, wagte er [Schiller] wiederum eine heimliche Reise; um sie ausführen zu können, ließ er sich als krank angeben; sie wurde entdeckt, und natürlich militärisch mit Arrest bestraft. Während dieses Arrestes war es, wo er den Plan zu *Cabale und Liebe* entwarf; und so erklären sich leicht die etwas grellen Situationen und Farben dieses Stückes« (zit. nach Kluge, S.1359).

Die Glaubwürdigkeit dieses Dokuments und der darin ausgesprochenen Datierung ist allerdings mehr als zweifelhaft, denn die Arrestsituation Schillers und der daraus abgeleitete anklagende Ton passen zu gut zueinander, als dass sie nicht als Konstruktion erscheinen müssen.

Einem Bericht des mit Schiller befreundeten Musikers Andreas Streicher zufolge entwickelte der Dichter erste Pläne zu dem Stück erst einige Monate später: Das Verhältnis zu seinem Landesherrn Herzog Karl Eugen, ein gewalttätiger absolutistischer Despot, hatte sich so weit verschlechtert, dass Schiller am 22.9.1782 zusammen mit Streicher aus Stuttgart nach Mannheim flüchtete. Nachdem jedoch weder die erhoffte Anstellung am dortigen Nationaltheater erfolgte noch sein zweites Drama, *Fiesco*, die erwünschte positive Aufnahme fand und überdies zu befürchten stand, dass man ihn als Deserteur nach Stuttgart ausliefern würde, setzte Schiller seine Flucht zusammen mit Streicher nach Frankfurt fort (3.–5.10.1782). Streicher schreibt: A. Streicher

> »Ebenso beschäftigte er sich während der Fußreise, die wir von Mannheim nach Frankfurt machen mußten, trotz des Verdrusses über die fehlgeschlagenen Hoffnungen unablässig mit dem Plane eines neuen Trauerspiels *Louise Millerin*, und

kaum konnte die herrliche Bergstraße sowie die damals noch vorhandenen Ruinen seine Gedanken auf einige Augenblicke ableiten. Selbst in Frankfurt, wo die gegenwärtige Verlegenheit sowie die finstere Zukunft alles Denken und Empfinden in Anspruch nahm, dichtete und arbeitete er doch immerfort« (zit. nach Schafarschik, S. 83f.).

Andernorts berichtet Streicher über die Frankfurter Arbeitsphase folgendes:

»Zu Hause angelangt, überließ sich Schiller auf's neue, seinen dichterischen Eingebungen, und brachte den Nachmittag und Abend, im auf und nieder gehen, oder im schreiben einiger Zeilen hin. Zum sprechen gelangte er erst nach dem Abendessen, wo er dann auch seinem Gefährten erklärte, *was für eine Arbeit* ihn jezt beschäftige.

Da man allgemein glaubt, daß bei dem Empfangen und an das Licht bringen der *Geisteskinder*, gute oder schlimme Umstände eben so vielen Einfluß, wie bei den *Leiblichen* äussern, so sey dem Leser schon jetzo vertraut, daß Schiller, seit der Abreise von Mannheim mit der Idee umgieng, ein Bürgerliches Trauerspiel zu dichten, und er schon so weit im Plan desselben vorgerükt war, daß die Hauptmomente hell und bestimmt vor seinem Geiste standen. Dieses Trauerspiel, was wir jetzt unter dem Nahmen *Kabale und Liebe* kennen, welches aber ursprünglich *Louise Millerin* hätte benannt werden sollen; wollte er mehr als einen Versuch unternehmen, ob er sich auch in die bürgerliche Sphäre herab lassen könne, als daß er sich öfters, oder gar für immer dieser Gattung hätte widmen wollen. Er dachte so eifrig darüber nach, daß in den nächsten Vierzehen Tagen, schon ein bedeutender Theil der Auftritte niedergeschrieben war. [...]

Da man die täglichen Kosten des Aufenthaltes wußte, so ließ sich leicht berechnen, daß die Baarschaft auf, Höchstens drei Wochen, ausreichen könne, in welcher Zeit Schiller seine Arbeit zu beendigen hoffte. Allein es ließ sich leicht voraussehen, daß dieses nicht der Fall seyn würde, indem er viel zu sehr mit seinem *neuen* Trauerspiel beschäftiget war, und schon am ersten Abend in Oggersheim den Plan desselben, aufzuzeichnen anfieng« (zit. nach Kluge, S. 1357).

Als Schiller während seines einwöchigen Frankfurter Aufenthaltes (5.–11.10) den Intendanten des Mannheimer Nationaltheaters, Freiherrn von Dalberg, um einen Vorschuss auf *Fiesco* bat, damit er seinen Lebensunterhalt bestreiten könne, lehnte dieser mit der Begründung ab, er möge erst den *Fiesco* für die Bühne umarbeiten. Schiller und Streicher setzten daraufhin die Reise in Richtung Oggersheim bei Worms fort, wo der Dichter auf den Mannheimer Theaterregisseur Wilhelm Christian Dietrich Meyer (1749–1783) traf, mit dem er die Änderungen am *Fiesco* besprach. Schiller hatte sich zusammen mit Streicher hier im Gasthof ›Zum Viehhof‹ unter dem Namen Dr. Schmidt einquartiert. Über diese Arbeitsphase, in der er vermutlich zunächst ein Szenarium für *Louise Millerin* entworfen haben dürfte, das ganz auf die Möglichkeiten, Erfordernisse, die Spielplanpolitik und die Präferenzen des Mannheimer Theaters zugeschnitten war, schreibt Streicher:

Freiherr von Dalberg

> »Gleich bei dem Entwurf desselben hatte er sich vorgenommen, die vorkommenden Charaktere den eigensten Persönlichkeiten der Mitglieder von der Mannheimer Bühne so anzupassen, daß jedes nicht nur in seinem gewöhnlichen Rollenfache sich bewegen, sondern auch ganz so wie im wirklichen Leben zeigen könne. Im voraus schon ergötzte er sich oft daran, wie Herr Beil den Musikus Miller so recht naiv-drollig darstellen werde und welche Wirkung solche komische Auftritte gegen die darauffolgenden tragischen auf die Zuschauer machen müßten. Da er die Werke Shakespeares nur gelesen, aber keines seiner Stücke hatte aufführen sehen, so konnte er auch noch nicht aus der Erfahrung wissen, wie viele Kunst von seiten des Darstellers dazu gehöre, um solchen Kontrasten das Scharfe, das Grelle zu benehmen, und wie klein die Anzahl derer im Publikum ist, welche die große Einsicht des Dichters oder die Selbstverleugnung des Schauspielers zu würdigen verstehen« (zit. nach Schafarschik, S. 84).

Nachdem Schiller *Fiesco* Ende November fertiggestellt, Dalberg das Stück aber auch in der revidierten Form abgelehnt hatte, sah sich Schiller zur Fortsetzung seiner Flucht gezwungen. Am 30.11. brach er auf. Henriette von Wolzogen, Mutter des mit ihm befreundeten Karlsschülers Wilhelm von Wolzogen (1762–

Flucht nach Bauerbach

1809), hatte ihm auf ihrem Gut Bauerbach bei Meiningen (Thüringen) Unterkunft gewährt. Er traf an seinem neuen Zufluchtsort am 7.12.1782 ein, wählte, wiederum aus Angst vor Verfolgung, einen Decknamen, diesmal Dr. Ritter.

W. F. H. Reinwald

Am 17.12.1782 kündigte er dem Meininger Hofbibliothekar Wilhelm Friedrich Hermann Reinwald (1737–1815) an, dass er »nach Verfluß von 12 oder 14 Tagen ein *neues Trauerspiel* zu Stande [bringen wolle], davon er [Ihn, Reinwald] zum geheimen Richter ernennen [wolle]«. Und er erbat sich von ihm ein Exemplar von Shakespeares *Romeo und Julia*, »weil ich etwas daraus zu meinem S[tück] zu schlagen gedenke« (zit. nach Schafarschik, S. 85f.). Mitte Januar 1783 teilte Schiller Streicher brieflich mit, dass sein »neues Trauerspiel *Louise Millerin* genannt« fertig sei (ebd., S. 86). Aber von einem wirklichen Abschluss des Stücks konnte noch nicht die Rede sein, so dass Schiller am 29.1.1783 Reinwald bekennen musste, dass ihm »[s]eine *L[ouise] Millerin* im Kopf herum[gehe]. Sie glauben nicht, was es mich Zwang kostet, mich in eine andre Dichtart hineinzuarbeiten« (zit. nach ebd.). Am 14.2.1783 wandte sich Schiller erneut an ihn, nun mit der Bitte, er möge ihm Schreibpapier zusenden, »meine *Louise Millerin* darauf abzuschreiben« (zit. nach ebd.), ein Zeichen dafür, dass er mit der baldigen Fertigstellung rechnete. In diese Richtung deutet auch, dass er sich bereits um einen Verleger für sein Stück kümmerte, wobei er an den Leipziger Buchhändler Christian Friedrich Weygand (1742–1807) dachte oder »an die Verlagskasse in Dessau, d. h. eine von einem Dessauer Gelehrten gegründete Buchhandlung, die die Autoren beim Verlag ihrer Werke von professionellen Buchhändlern unabhängig machen wollte« (Kluge, S. 1336). Schiller verfolgte indes diese Absichten nicht weiter, als sich plötzlich und völlig unerwartet Dalberg meldete und Interesse an dem neuen Stück bekundete, von dem er durch Streicher gehört hatte, der seit der letzten Novemberwoche 1782 in Mannheim als Pianist und Klavierlehrer lebte und Kontakte zu den Mitgliedern des Theaterausschusses pflegte.

Bezüglich des Dalbergschen Angebots äußerte sich Schiller in einem Brief an Reinwald vom 27.3.1783 noch zögerlich:

»Ob ich mit Dalberg zu Rande kommen kann, zweifle ich. Ich

kenne ihn ziemlich, und meine *Louise Millerin* hat zerschiedene Eigenschaften an sich, welche auf dem Theater nicht wol passieren. Z[um] e[xempel] die gothische Vermischung von komischem und tragischem, die allzu freie Darstellung einiger mächtigen Narrenarten, und die zerstreuende Mannichfaltigkeit des Details. Eröfnen Sie mir Ihre Meinung darüber« (zit. nach Schafarschik, S. 87).

Schiller über *Louise Millerin*

In einem kurz darauf verfassten Brief charakterisiert Schiller das Trauerspiel Dalberg gegenüber, um sich so sicher zu sein, dass er sich »der Gefar, [Dalbergs] Erwartung zu hintergehen, nicht neuerdings aussezt«:

»Außer der Vielfältigkeit der Karaktere und der Verwiklung der Handlung, der vielleicht allzufreyen Satyre, und Verspottung einer vornehmen *Narren-* und *Schurkenart* hat dieses Trauerspiel auch diesen Mangel, daß komisches mit tragischem, Laune mit Schreken wechselt, und, ob schon die Entwiklung tragisch genug ist, doch einige lustige Karaktere und Situationen hervorragen. Wenn diese Fehler, die ich EE. mit Absicht vorhersage, für die Bühne nichts anstößiges haben so glaube ich daß Sie mit dem übrigen zufrieden seyn werden. Fallen sie aber bei der Vorstellung zu sehr auf, so wird alles übrige, wenn es auch noch so vortreflich wäre, für Ihren Endzwek unbrauchbar seyn, und ich werde es beßer zurükbehalten. Dieses überlaße ich nun dem Urtheil EE. Meine Kritik würde zuviel von meiner Laune und Eigenliebe partizipieren« (ebd., S. 87f.).

Entgegen alle Erwartung forderte ihn Dalberg dann jedoch auf, wie Schiller Mitte April Reinwald in einem Brief mitteilte, »ihm mein Stük ohne Verzug [zu] schiken. Ich hab ihm viele Fehler davon geschrieben, damit er sehen solte wie wenig ich mich ihm aufdringen will. Er schreibt daß es Tugenden für die Bühne wären. *Karlos* bleibt also liegen biß *L[ouise] M[illerin]* fertig ist« (ebd., S. 88).

Dem letzten Satz kann man entnehmen, dass Schiller sich bereits zu dieser Zeit mit ersten Plänen zum *Don Karlos* befasste, aber nach Dalbergs Angebot arbeitete er nun mit aller Energie an der Fertigstellung des Trauerspiels. Trotz aller Eile nahm die Ausführung noch die Zeit von April bis Juli in Anspruch. In einem Brief an Reinwald vom 3.5.1783 heißt es:

> »Meine *L[ouise] M[illerin]* jagt mich schon u[m] 5 Uhr aus dem Bette. Da siz ich, spize Federn, und käue Gedanken. Es ist gewis und wahrhaftig, daß der Zwang dem Geist alle Flügel abschneidet. So ängstlich für das Theater – so hastig weil ich pressiert bin, und doch ohne Tadel zu schreiben ist eine Kunst. Doch gewinnt meine *Millerin* – das fül ich. Vor Veränderungen beben Sie nicht mehr. Meine *Lady* intereßiert mich fast so sehr [. . .]« (ebd., S. 89).

Bei der Umarbeitung ging es Schiller wohl hauptsächlich darum, das Stück noch theatergerechter zu machen, vielleicht auch dessen Schärfen teilweise zurückzunehmen. Wenn man aus dem Bauerbacher Entwurf die einzig erhaltene Szene II,3 mit der endgültigen Fassung vergleicht, wird deutlich, dass er bei der Überarbeitung, wie auch der zuletzt zitierte Brief belegt, die Gestalt der Lady aufgewertet hat.

Inzwischen war der *Fiesco* in Bonn am 20.7. durch Gustav Friedrich Wilhelm Großmann (1746–1796) uraufgeführt worden, nachdem er im April bei Christian Friedrich Schwan (1733–1815) in Mannheim verlegt worden war. Vier Tage später verließ Schiller Bauerbach, reiste nach Mannheim, in der stillen Hoffnung, vielleicht doch noch von Dalberg als Theaterdichter angestellt zu werden. Als er aber dort am 27.7. eintraf, war der Intendant verreist. Es sollte bis zum 13.8. dauern, bis *Louise Millerin* dann in »groser Gesellschaft, wobei Dalberg den Vorsiz hat, vorgelesen« werden konnte (Schiller an Henriette von Wolzogen, 11.8.1783, zit. nach Kluge, S. 1339). Mittlerweile hatte Schiller das bürgerliche Trauerspiel auch seinem Verleger Schwan vorgetragen, der »äuserst zufrieden« schien (ebd.).

Dalberg bot Schiller schließlich das Amt des Theaterdirektors für ein Jahr und entsprechende Honorarzusagen an. Der Dichter schildert in einem Brief vom 11.9.1783 Henriette von Wolzogen den Vertragsinhalt:

> »Ich entschied also für die Anerbietungen Dalbergs und vor ohngefehr 3 Wochen, wo ich bei ihm an Tafel war wurden wir richtig. Ich bleibe biß auf den May 1784. hier, und folgende Punkte sind unter uns festgesezt.
>
> 1. Bekommt das Theater von mir 3 neue Stüke – den *Fiesco* – meine *Louise Millerin* – und noch ein drittes, das ich innerhalb meiner Vertragszeit noch machen mus.

2. Der Contract dauert eigentlich ein Jahr, nemlich vom 1. September dieses Jahrs biß zum lezten August des nächsten; ich habe aber die Erlaubniß herausbedungen die heißeste Sommerzeit wegen meiner Gesundheit anderswo zuzubringen.

3. Ich erhalte für dieses eine fixe Pension von 300 fl., wovon mir schon 200 ausbezalt sind, – Außerdem bekomme ich von *jedem Stük* das ich auf die Bühne bringe die ganze Einnahme einer Vorstellung die ich selbst bestimmen kann, und welche nach Verhältniß 100- biß 300 fl. betragen kann – Dann gehört das Stük dennoch mein und ich kann es nach Gefallen, wohin ich will, verkaufen und druken laßen. Nach diesem Anschlag habe ich bis zu Ende August, 1784 die unfehlbare Aussicht auf 12- biß 1400 Gulden, wovon ich doch 4 biß 500 auf Tilgung meiner Schulden verwenden kann« (zit. nach Schafarschik, S. 91).

Da Dalberg zunächst den *Fiesco* in Mannheim zur Aufführung bringen wollte, um mit diesem Stück den Karneval zu eröffnen, konnte Schiller erst im darauffolgenden Jahr, 1784, *Louise Millerin* für die Bühne einrichten. Im Januar begann die Drucklegung des Trauerspiels bei Schwan; am 11.1. erfolgte die Uraufführung des sehr kühl aufgenommenen *Fiesco*, der nach zwei weiteren Aufführungen sogar abgesetzt wurde, was Schiller nochmals unter erhöhten Druck bei der geplanten Einrichtung des neuen Dramas für die Bühne brachte. Streicher berichtet:

»Nach einigen Wochen Erholung begann er die Umarbeitung von *Louise Millerin*, bei welcher er wenig hinzuzufügen brauchte, wohl aber Vieles ganz weglassen mußte. Schien ihm nun auch dieses ganze bürgerliche Trauerspiel ziemlich mangelhaft angelegt, so ließ sich doch an den Scenen, die den meisten Antheil zu erregen versprachen, nichts mehr ändern; sondern er mußte sich begnügen die hohe Sprache herab zu stimmen, hier einige Züge zu mildern, und wieder andere ganz zu verwischen. Manche Auftritte, und zwar nicht die unbedeutendsten, gründen sich auf Sagen die damals verbreitet waren, deren Anführung viele Seiten ausfüllen würden. Der Dichter glaubte, solche hier an den schiklichen Platz stellen zu sollen, und gab sich nur Mühe, alles so einzukleiden, daß weder Ort noch Person leicht zu errathen waren, damit nicht üble Folgen für ihn daraus entstünden« (zit. nach Kluge, S. 1358).

Die nochmaligen Veränderungen des Textes dürften die im Mannheimer Soufflierbuch festgehaltenen Umarbeitungen betreffen. Die von Schiller hergestellte originale Handschrift der Bühnenfassung ist nicht erhalten. Von dieser ausgehend, hat der Theaterschreiber und Kopist des Mannheimer Theaters, Trinkle, Schillers Modifikationen in ein Exemplar der Ausgabe Frankfurt und Leipzig 1784 eingetragen bzw. eingeheftet (nach Kluge, S. 1342f.). Die Titeländerung geht hingegen auf einen Vorschlag August Wilhelm Ifflands (1759–1814) zurück, der am 25.2. 1784 das Stück gelesen und empfohlen hatte, es *Kabale und Liebe* zu nennen. Sowohl die Druckfassung des Buchs, das am 15./16.3.1784 ausgeliefert wurde, als auch die Theaterfassung tragen den neuen Titel. Es sollte jedoch nicht zur Uraufführung von *Kabale und Liebe* in Mannheim kommen. Zwei Tage zuvor, am 13.4.1784, führte die Großmannsche Theatergruppe aus Bonn das Stück in Frankfurt/M. auf; Mannheim folgte am 15.4. mit einer erfolgreichen Inszenierung, bei der Schiller selbst zugegen war. Bei Streicher heißt es darüber:

Titeländerung

Aufführung in Mannheim

»Um der Aufführung recht ungestört beiwohnen zu können, hatte Schiller eine Loge bestanden, und seinen Freund S. zu sich dahin eingeladen.

Ruhig, heiter, aber in sich gekehrt und nur wenige Worte wechselnd, erwartete er das Aufrauschen des Vorhanges. Aber als nun die Handlung begann – wer vermöchte den tiefen, erwartenden Blik – das Spiel der untern gegen die Oberlippe – das zusammenziehen der Augenbrauen, wenn etwas nicht nach Wunsch gesprochen wurde – den Blitz der Augen, wenn auf Wirkung berechnete Stellen, diese auch hervorbrachten – wer könnte diß beschreiben! – Während dem ganzen ersten Aufzuge entschlüpfte ihm kein Wort, und nur bei dem Schlusse desselben wurde ein *»es geht gut«* gehört.

Der zweite Act wurde sehr lebhaft, und vorzüglich der Schluß desselben, mit so vielem Feuer und ergreifender Warheit dargestellt, daß, nachdem der Vorhang schon niedergelassen war, alle Zuschauer, auf eine damals ganz ungewöhnliche

Weise, sich erhoben und in stürmisches, einmüthiges Beifallrufen und Klatschen ausbrachen. Der Dichter wurde so sehr davon überrascht, daß er aufstand und sich gegen das Publikum verbeugte. In seinen Mienen, in der edlen, stolzen Haltung, zeigte sich das Bewußtseyn sich selbst genug gethan zu haben, so wie die Zufriedenheit darüber daß seine Verdienste anerkannt und mit Auszeichnung beehrt würden« (zit. nach Kluge, S. 1360f.).

Bühnen- und Deutungsgeschichte

K. Ph. Moritz

Am 20.7.1784 schrieb Karl Philipp Moritz (1757–1793) in der *Königlich privilegirten Berlinischen Staats- und Gelehrten Zeitung*:

> »In Wahrheit wieder einmal ein Product, was unsern Zeiten – Schande macht! Mit welcher Stirn kann ein Mensch doch solchen Unsinn schreiben und drucken lassen, und wie muß es in dessen Kopf und Herz aussehen, der solche Geburten seines Geistes mit Wohlgefallen betrachten kann!« (Zit. nach Kluge, S. 1372)

Sein vernichtendes Urteil präzisierte er in derselben Zeitung in einer weiteren Rezension, die mit dem abfälligen Votum endete:

> »Nun sey es aber genug; ich wasche meine Hände von diesem *Schiller'schen* Schmutze, und werde mich wohl hüten, mich je wieder damit zu befassen!« (ebd., S. 1379)

zeitgenössische Wertungen

Während Moritz den »falschen Schimmer« (ebd.) moniert, der das Publikum blende, konstatiert der Rezensent im *Journal des Luxus und der Moden*, Weimar 1789, genau das Gegenteil. Dort heißt es über das bürgerliche Trauerspiel:

> »Geschildert nach dem Leben der Menschen! – Geschildert nach unserem Jahrhundert! – Geschildert nach der plastischen Natur, und dem Lauf der jetzigen Tage! [...] im Ganzen das Bild des Lebens« (zit. nach Leibfried, S. 148).

Zwischen diesen Extremen bewegte sich die zeitgenössische Aufnahme des Stücks, und das divergierende Urteil hält sich bis heute. August Wilhelm Schlegel (1767–1845) sagte *Kabale und Liebe* nach, es könne »schwerlich durch den überspannten Ton der Empfindsamkeit rühren, wohl aber durch peinliche Eindrücke foltern« (zit. nach Norbert Oellers (Hg.): Schiller – Zeitgenosse aller Epochen. T. 1, Frankfurt/M. 1970, S. 129); Franz Grillparzer (1791–1872) bezeichnete das Stück gar als »das elendeste Machwerk« (s. Grillparzer: Sämtliche Werke, Bd. IV, München, S. 253); Clemens Brentano (1778–1842) trieb es anlässlich einer Vorstellung von *Kabale und Liebe* gar aus dem Theater, um nicht seine »Seele mannichfaltig mißhandeln« zu lassen (s. Brentano: Werke, Bd. 2, München 1963, S. 1108); Friedrich

Hebbel (1813–1863) bekundete angesichts der Tragödie sein Erstaunen »über die grenzenlose Nichtigkeit dieses Stücks« (s. Hebbel: Werke, Bd. 4, München 1966, S. 867); Jakob Burckhardt (1818–1897) tat es als »Tendenzstück« ab (zit. nach: Oellers, a. a. O., S. 416).

Theodor Fontane (1819–1898) hingegen erklärte, immer wieder, »unter [die] außerordentliche dramatische Gewalt« des Trauerspiels gebracht und von ihm gefangen genommen worden zu sein (s. Fontane: Sämtliche Werke, Bd. 22,1, München 1964, S. 356): Th. Fontane

> »Das Stück selbst übte wieder seinen alten Zauber. [. . .] Es gibt weniges, was von der Bühne her mächtiger wirkte. Ich hab' es nun wohl zwanzigmal gesehn, aber immer aufs neue bin ich wie hingerissen davon« (ebd., S. 764).

Während Burckhardt das Drama gerade wegen der sich darin aufscheinenden Tendenz ablehnte, kommt Friedrich Engels (1820–1895) zu der diametral entgegengesetzten Einschätzung. Er wertet *Kabale und Liebe* als »das erste deutsche politische Tendenzdrama« (s. Karl Marx/Friedrich Engels: Über Literatur, Stuttgart 1971, S. 82), in dem aus der Situation und der Handlung heraus die Tendenz selbst hervorspringt, »ohne daß ausdrücklich auf sie hingewiesen wird« (ebd.). F. Engels

Schillers drittes Bühnenwerk hat sich zwar im Lauf des 20. Jh.s einen festen Platz in den Spielplänen der Theater erobert, aber wie in der ästhetischen Wertung des Stücks zeigen sich auch in der Inszenierung Auffassungen, wie sie gegensätzlicher nicht sein könnten. Die Gegenüberstellung zweier Aufführungen aus den Sechzigerjahren mag die unterschiedlichen Interpretationen, die es auf der Bühne erfuhr, erläutern. Die Konzeption von Hans Hollmanns Berliner Inszenierung lässt sich am ehesten über das Bühnenbild erschließen: Inszenierungen im 20. Jh. H. Hollmann

> »Wenn der Vorhang hochgeht, sieht man erstens riesige Schnallenschuhe, zweitens dicke Waden in weißen Strümpfen, drittens eine Kniehose, viertens gespreizte Schenkel, fünftens einen silberverzierten blauen Rock mit roter Schärpe und dem Adlerorden. Das ist der Fürst, der ›Landesvater‹, eine korpulente Nachahmung Friedrichs des Großen, ein Despot in Riesengestalt – sein Kopf, wenn er überhaupt einen hat,

muß sich irgendwo in der Höhe des Bühnenhimmels befinden« (Jürgen Beckelmann, in: *Stuttgarter Zeitung*, 14.10. 1969, zit. nach: Schafarschik, S. 128).

Unter diesem Giganten, von ihm gleichsam in die Zange genommen bzw. durch ihn unterdrückt, vollzieht sich das Geschehen, die ›deutsche Misere‹ in Gestalt eines bürgerlichen Trauerspiels, wo »jede Figur einen neuen, ideologisch und gesellschaftlich interessanten Umriß gewonnen hat: die pietistisch beschränkte Luise, der muffig patriarchalische Miller, der abstrakt himmelstürmende Ferdinand gehören sicherlich in die Geschichte des deutschen Sündenfalls, die wir heute rekonstruieren müssen« (Ivan Nagel, *Theater heute*, Jahressonderheft 1970, S. 28, zit. nach: Ferdinand Piedmont (Hg.): Schiller spielen, Darmstadt 1990, S. 88).

P. Stein

Ganz anders dagegen war die Inszenierung von Peter Stein zwei Jahre zuvor am Bremer Theater angelegt, die den historischen Kontext eher zugunsten eines Kammerspiels vernachlässigte, in dem die geschädigte Beziehung zweier Menschen aufschien: Bei Botho Strauß heißt es darüber:

»Peter Steins Konzeption: Ferdinands metaphysische Verblasenheit und überhitzte Egozentrik werden weggeräumt, als eigentliche Mitte des Stückes erscheint die geschädigte Beziehung zweier Menschen. Die popularphilosophische und eschatologische Aufgipfelung hat Stein gestrichen, alle Sturm-und-Drang-Zappligkeit abgestellt. Ebenso kann er auch die sozialmotzige Unruhe im Stück nicht recht ernst nehmen. Er stellt fest: in *Kabale und Liebe* ist das Traurigste die Liebe. Liebe, die – aus was für Gründen immer, wahrscheinlich aus einem verquälten Absolutheitswahn – nicht mehr eins ist mit sich, in Zweifel und Verdächte auseinanderfiel, die ein gefährliches Prüfspiel geworden ist. Die Gleichgültigkeit gegenüber allem, das zur Grundspannung der rettungslosen Unbedingtheiten nichts beiträgt, bringt Stein dahin, daß er mancherlei kupiert, gar verkümmern läßt« (*Theater heute* 8, 1967, Nr. 12, S. 32).

Die Literaturwissenschaft deutete und bewertete Schillers Stück

E. Auerbach

ebenfalls sehr unterschiedlich: Erich Auerbach etwa nennt es in seinem bedeutenden Werk *Mimesis* »ein stürmisches, hinreißendes, genialisches, überaus wirksames, aber doch, bei etwas genauerem Hinsehen, ein recht schlechtes Stück; es ist ein von einem genialen Menschen geschriebener melodramatischer Reißer«, in dem der »rührende, seinem Wesen nach ganz private Liebesbund nun nicht mehr auf den Widerstand böser Verwandten, Eltern und Vormünder, oder auf private moralische Hindernisse, sondern auf einen öffentlichen Feind, auf die widernatürliche ständische Gesellschaftsordnung stieß«. Auerbach bemängelt überdies, dass die Basis der Liebesgeschichte zu schmal und »der gefühlvoll rührende Stil [...] ungeeignet zur Gestaltung von echter Wirklichkeit« seien (Auerbach, S. 387ff.). »Das ist nicht Wirklichkeit, sondern Melodram; sehr wohl geeignet, eine starke, gefühlsmäßige politische Wirkung auszulösen; aber keine künstlerische Rechenschaft von der Wirklichkeit der Zeit« (ebd., S. 389). Wenn Jürgen Link dann *Kabale und Liebe* an den Anfang einer literarischen Reihe stellt, die mit dem Buch und Film *Love Story* endet, ist der Vorwurf der Kolportage nicht weit.

Anders sollte die marxistische Literaturkritik verfahren: Franz Mehring (1846–1919) erhob – wie später der DDR-Literaturwissenschaftler Joachim Müller – *Kabale und Liebe* zu dem »revolutionärsten Drama unserer klassischen Literatur«: F. Mehring

> »Es erschien fünf Jahre vor Ausbruch der Französischen Revolution, im Jahre 1784, als auf Deutschland noch der Druck und die Schmach eines Despotismus lastete, der von mehreren hundert kleinen Despoten mit raffinierter Grausamkeit gehandhabt wurde. Eher noch als Schillers Erstling *Die Räuber* hätte dies bürgerliche Trauerspiel das Motto tragen dürfen: In tirannos! Gegen die Tyrannen!« (S. Mehring: Gesammelte Schriften, Bd. 10, Berlin 1961, S. 640)

Diese Deutungstradition lässt sich auch noch heute finden. So skizziert Rainer Gruenter die äußeren Umstände, welche die erste Niederschrift des Stücks begleiteten, und leitet daraus ab, dass Schiller sich aus diesen persönlichen Anlässen heraus politisierte. Zu seinen dann in *Kabale und Liebe* verarbeiteten Erfahrungen und Beobachtungen gehörten: die höfische Umwelt »in der Stuttgarter und Ludwigsburger Residenz Karl Eugens, das harte Erziehungssystem der großherzoglichen Akademie mit den Ab- R. Gruenter strafungen durch des Herzogs eigene Hand und Veranlassung und, schließlich und entscheidend, die Auseinandersetzung mit der Persönlichkeit Karl Eugens« (Gruenter, S. 211). Gleichsam aus existentieller Notwehr heraus – gegen die herzoglichen Maßnahmen, seine sittlich-künstlerische Entwicklung im Keime zu ersticken –, habe Schiller *Kabale und Liebe* als ein Drama geschrieben, in dem der Herzog, auch wenn er nicht auftritt, dennoch zur »mächtigsten Figur des Stückes« avanciere (ebd., S. 216):

> »Er ist omnipräsent. Seine Allgegenwart ist in den Personen, den Dialogen, den Handlungen spürbar. Der Präsident handelt und befiehlt im Namen des Herzogs. Was immer das auch im System der despotischen Omnipotenz bedeutete, es ist eine Rechtsformel des Staatsrechts. Welchen Geistes Kind dieses Staatsrecht ist, zeigt die schaltende Kreatur des Despoten, der Präsident. Der flagrante Rechtsbruch, die Rechtswillkür ist das Kainsmal des Despotismus. Nicht erpreßter Luxus, nicht Sittenverfall und -verhöhnung und verderbliche Servilität, sondern Rechtsverletzungen [. . .] bereiten die revolutionäre Situation im despotischen System vor. Willkür, nicht Härte und Strenge, ist die Mutter der Revolution« (ebd., S. 216f.).

Aber obwohl – so Gruenter – der Despotismus in dem Drama ein solches Gewicht bekommt, zerbricht Ferdinands und Luises Liebe letztlich nicht am politischen Zynismus der despotischen Position und dem Machtmechanismus des Hofes. »Sie scheitert auch nicht an der Intrige und Infamie Wurms. Die revolutionäre Empfindsamkeit von den beiden Liebenden scheitert an sich selbst, weil sie als Literarisierung der Gefühle für die Realität blind gemacht hat, Wirklichkeitssinn und Wirklichkeitswillen verkümmern ließ« (ebd., S. 224).

In Gruenters differenzierter Deutungsposition zeigen sich die beiden Interpretationsstränge, die lange Zeit die Auslegungsgeschichte des Dramas bestimmt haben. Der Interpretenstreit und die Interpretationsgeschichte werden zunächst von zwei auf den ersten Blick nicht weiter vermittelbaren, weil sich diametral gegenüberstehenden Positionen bestimmt. Die Debatte ist darüber entbrannt, ob das Stück primär einen sozialen Konflikt ausgestaltet, ob es als ›bürgerliches Trauerspiel‹ die pathetisch vorgetragene, für eine entsprechende Parteiung auch den Zuschauer einnehmende Darstellung des Klassenkampfs von Bürgertum und Adel im 18. Jh. sei, oder ob es im zeitgenössischen Gewand ›die Tragödie menschlichen Handelns überhaupt‹ vorführt, also den tragisch werdenden endlichen Menschen exponiert, der, zwischen unbedingte Idee und bedingte Welt gestellt, notwendig schuldig werden muß.

Die pauschalisierenden Interpretationsansätze von Mehring und Müller sowie Korff, Abusch und Thalheim, die *Kabale und Liebe* auf ein einfaches politisches Tendenzstück reduzieren, verkennen viele auch soziologisch interessante Aspekte des Dramas. Es waren v. a. Janz und Herrmann, die in ihren Untersuchungen die schablonisierenden Deutungen zugunsten einer komplexeren Lesart des Stückes abgelegt haben. Diese Interpreten berücksichtigten, dass Schillers Figuren zwar mit der ständischen Außenwelt zusammenprallen, aber

> »ihre Konflikte kommen offenbar [primär] dadurch zustande, daß sie sich ein Innenreich bewahren oder errichten wollen, das sich den Determinierungen durch den sozialen Kontext, durch Stand, Familie etc., entzieht. Sie selbst wollen gerade nicht spezielle gesellschaftliche Tugenden, sondern allgemeine menschliche Werte verwirklichen, die in ihrer Privatexistenz verankert sind: Liebe, Herz, Wahrheit, Gott, Keuschheit etc.« (Herrmann 1983, S. 61).

Entgegen den idealistischen Interpreten weisen aber Janz und Herrmann diesen Werten nicht metaphysische oder allgemeinmenschliche Qualitäten zu, sondern nehmen sie in ihrer historischen Bedingheit wahr, indem sie das »Drama gerade in seinem überhistorischen Anspruch als historisches ernst nehmen« (ebd., S. 62).

Janz berücksichtigt dabei, dass die Klassenkonflikte zwischen Adel und Bürgertum im bürgerlichen Trauerspiel als Konflikte moralischer Grundsätze ausgetragen werden. Die Kritik absolutistischer Herrschaft stellt sich als Kritik an der Moral der Herrschenden heraus. Aber auch die ›bürgerliche Moral‹ ist nicht eindeutig: R.-P. Janz

> »In *Kabale und Liebe* erweist sich mit dem Satz Louises ›O mein Vater! – Daß die Zärtlichkeit noch barbarischer zwingt,

als Tyrannenwut!‹ die Familienidylle unnachsichtig als Illusion. Mag Miller ihn auch mißverstehen und sich einbilden, sein Wort bedeute der Tochter mehr als die Bedrohung durch die Staatsmacht, entscheidend ist, daß Louise selbst die ›Zärtlichkeit‹ des Vaters als ›barbarischen‹ Zwang erfährt. Die wohlmeinende Erpressung, die Erpressung bleibt, die ›abgöttische‹ Liebe für die Tochter, die gewaltsam wird – in solchen Zügen verhandelt das Drama neben der Unmoral des Adels auch die Dialektik bürgerlicher Moral. [. . .] Indem Miller auf Louise ›barbarischen‹ Zwang ausübt, gleicht er seine Mittel denen der Staatsgewalt an. So jedenfalls sieht es Louise, die beide Formen der Gewalt zu spüren bekommt. Ihr bleibt indessen hier verborgen, daß die Zärtlichkeit Millers und die Liebe des Majors, so sehr sie um Louise konkurrieren, einander verwandt sind, jedenfalls darin, daß Louise sie beide als terroristisch erfahren muß. Louise geht nicht nur an der absolutistischen Liebe des Majors, die durch die Intrige des Hofes lebensgefährlich wird, sie geht auch an der grausam-liebevollen Nötigung Millers zugrunde. Erst das Zusammenspiel zwischen der skrupellosen Staatsmacht, der Gewalt des Liebhabers und des liebenden Vaters erzeugt die tödliche Bedrohung, der Louise anheimfällt. Für die Taten der Staatsmacht und die Zwänge, die Miller ausübt, verwenden Louise und Ferdinand dasselbe Wort: ›barbarisch‹« (Janz, S. 132).

Louise wird nach Janz zur eigentlich erhabenen, tragischen Gestalt des bürgerlichen Trauerspiels, das damit seine tragische Dignität zurückgewinnt und nicht durch Trivialisierung und Konfliktminimierung zum bürgerlichen Rührstück degeneriert. Louise wird heroische Selbstüberwindung gleich in zweifacher Weise abverlangt. Sie verzichtet auf den Selbstmord und vergibt ihrem Mörder und dem Urheber des Unglücks, dem Präsidenten (ebd., S. 134). Der von ihr ausgehenden erhabenen Vorbildfunktion kann sich auch Ferdinand nicht verschließen, er verzeiht ebenfalls dem Vater. Die Moralisierung des Finales bedeutet jedoch nicht, dass das »Recht der Individuen auf die Einzigartigkeit und Heftigkeit ihrer Leidenschaften« (ebd., S. 136) desavouiert würde:

»Auch in der letzten Szene ist das Drama weit davon entfernt, den Aufruhr der Empfindungen, die anstößigen Bilder von Glück und Freiheit als Ordnungswidrigkeit, als Verstoß gegen die Gepflogenheiten des Hofes oder die Normen bürgerlicher Moral zu diskreditieren. Die moralische Besserung, die am Schluß des Dramas um sich greift, kann die Rebellion der Empfindungen nicht ungeschehen machen« (ebd.).

Herrmann gibt sich indes nicht mehr damit zufrieden, in Miller nur den Bürger zu sehen; er weist ihn in seiner Untersuchung dem ständischen Bürgertum zu und damit einer »in Schillers Zeit zu Ende gehenden Position« (Herrmann 1984, S. 225): H. P. Herrmann

»Auf Millers Einbindung ins ständische Bürgertum verweist nicht nur sein Beruf. Sein Charakter wie sein Bewußtsein sind geprägt von den Widersprüchen der Übergangsgesellschaft. Traditionelle, ständische Züge trägt der Patriarchalismus, mit dem er in der ersten Szene die ›Ehre‹ seines ›Hauses‹ gegen fremde Einflüsse zu verteidigen sucht [. . .]; ständisch ist die Ehevorstellung, nach der er seinen Schwiegersohn wünscht, der in Stand und Beruf ›in meine Kundschaft‹ einheiratet. Aber die ständische Ordnung ist bedroht. [. . .] Die Mutter wiegt sich in illusorischen Hoffnungen und hat doch die Zeichen der Zeit nicht weniger erkannt als ihr Mann. Schließlich ist der bürgerliche Wurm zum Hofbeamten aufgestiegen, und der hochadlige junge Herr von Walter vertritt bürgerliche Ideale. Die alten Ordnungen lösen sich auf« (ebd., S. 225).

Das ist schon an Millers Kampf gegen »absolutistische Willkür, neumodische Belletristik, genußorientierte Geldwirtschaft und individuellen Selbstverwirklichungsanspruch« (ebd., S. 228) zu erkennen. Ständisch ist auch die religiöse Ordnung, »in deren Sprache er und seine Tochter sich über die Werte ihrer gemeinsamen Welt verständigen« (ebd.). Auf den Sinn eines neuen, liberaleren Bürgertums verweist jedoch bei Miller als zärtlichem Vater die Selbstbestimmung, die er seiner Tochter bei der Gattenwahl zunächst zugesteht, doch dann wieder gewaltsam rückgängig machen muss:

»Für Louise bedeutet dieser Sieg des Vaters, daß ihr der einzig mögliche Akt weiblicher Selbständigkeit, der der eigenen Gattenwahl, vom Vater zunichte gemacht wird; daß ihr Versuch, Selbstidentität in ihrer Liebe zu wahren, vereitelt wird;

daß sie ihre Liebe und ihren Geliebten endgültig verraten hat – aber auch, daß sie in ihrem Stand kaum noch leben kann; zumindest an diesem Ort ist ihre Ehre und ist ihr guter Name zerstört. Für die Geschichte, die Schillers Text erzählt, bedeutet das, daß das ständische Bürgertum nicht in der Lage ist, einen Kompromiß mit dem liberalen Bürgertum einzugehen, daß gesellschaftliche Entwicklung auf dem Weg der Evolution, wie ihn sich noch die Aufklärung dachte, nicht mehr möglich scheint« (ebd., S. 237).

Repräsentant dieses liberalen Bürgertums und seiner Ideen ist für Herrmann, im Gegensatz zu Huyssen und Janz, Ferdinand. Huyssen und Janz sehen in seinem gegenüber Louise schließlich artikulierten Macht- und Besitzanspruch verdeckte und nun wieder ausbrechende aristokratische Züge. Ferdinand habe sich nur bürgerliche Ideale angeeignet, in seinem Charakter, in seiner Liebe zu Louise wie in seinen Lebensplänen sei er aber ganz von »aristokratischem Sozialverhalten« (Janz, S. 220; Huyssen, S. 221) bestimmt. Herrmann interpretiert auch diese Figur wesentlich komplexer: Ferdinand ist nicht

»als der adlige Herr mit ein paar angelesenen bürgerlichen Vorstellungen, sondern als der bürgerliche Intellektuelle zwischen den Klassen zu begreifen. Von altadliger Herkunft und Sohn eines hohen fürstlichen Beamten, steht er durch väterliche Protektion und eigene Tüchtigkeit am Beginn einer glänzenden Karriere im immerhin modernsten Teil des Absolutismus, im staatlichen Beamtenapparat. Doch hat er auf diesem Weg zuviel an höfischen Praktiken und systemimmanenten Verbrechen gesehen, als daß er sich mit seinem eigenen Stand noch identifizieren könnte. Während seiner Ausbildung auf Akademien ist er mit dem Gedankengut der bürgerlichen Aufklärung in Berührung gekommen. [...] Im Gedankengut der Aufklärung fand er das Rüstzeug, das ihm erlaubte, einen geistigen und moralischen Standpunkt außerhalb der Welt seiner Herkunft einzunehmen, nicht Einfluß und Macht zu erstreben, die mit Selbsterniedrigung und Verbrechen verbunden waren, sondern persönliche Selbstverwirklichung als Lebensziel zu sehen« (Herrmann 1984, S. 240f.).

Aber weder ihm noch Louise gelingt es, in ihrer Liebe Individualität zu verwirklichen, denn sie wollen zwar Individualität leben, aber sie bleibt abstrakt, sie bleibt den sozialen Verhältnissen enthoben, existiert nur außerhalb der konkreten sozialen Bindungen, aus denen sie beide stammen. Nicht die Standesgrenzen lassen ihre Liebe scheitern, sondern diese Liebe findet keinen sozialen Ort, sie bleibt U-topie im wahrsten Sinne des Wortes – sie bleibt ortlos: »Die Suche nach dem ›dritten Ort‹ führt ins Nichtbewohnbare; am Ende ist er nur noch vorstellbar als Grab« (ebd., S. 243). Der Autonomieanspruch schlägt fehl: »Von der Autonomie des Ich aus ist Liebe immer nur zu entwerfen, nie, oder nur tragisch, zu verwirklichen, weil Sozialität im Autonomieanspruch des Ich nicht mitgesetzt ist, ihm immer das andere bleibt, bestenfalls Forderung, nicht Sein« (ebd., S. 247). Mit dem Schluss, als Ferdinand seinem Vater die ›sterbende Hand‹ reicht, wird zwar auf einer ›höheren‹ Ebene die familiale ›Natur‹-Ordnung der Vater-Sohn-Beziehung als vermeintliche Versöhnung der Widersprüche beschworen; aber dies »bleibt eine pathetische Geste, ohne Legitimation aus dem vorangegangenen Stück, das bleibt partikular, an die beiden Personen gebunden, denn der andere Vater ist in die Versöhnung nicht eingeschlossen; und: das Stück endet gar nicht mit diesem rudimentären Tableau, sondern mit der Amtshandlung der Justiz« (ebd.). Zu tief ist das Drama in die soziale Realität der Zeit eingelassen, als dass »die vom Autor ersehnte Versöhnung ihrer Widerspruche in der Literatur sich realisieren ließe« (ebd.).

Anders sehen die vornehmlich religionsphilosophisch orientierten Interpretationen das Dramenfinale. Nicht das Justizpersonal, sondern das Jüngste Gericht beherrscht hier den letzten Akt. Benno von Wiese hat ihn so gedeutet, dass das Ende nicht »nihilistische Verzweiflung über eine dem Bösen ausgelieferte Welt sei, sondern wiederum Apokalypse, Triumph der Nemesis. Die Gottheit behält das letzte Wort; mitten in der Hölle des Bösen deckt die Tragödie einen verborgenen göttlichen Sinn auf, der mit irdischen Maßen nicht mehr zu messen ist« (Benno von Wiese: Die deutsche Tragödie von Lessing bis Hebbel, Hamburg [5]1961, S. 190). In seinem Schiller-Buch deutet er die letzte Szene ebenfalls als Apokalypse: B. v. Wiese

»Nicht durch äußeren Widerstand bricht hier eine korrupte

Gesellschaftsordnung zusammen, für die der Präsident und Wurm stellvertretende Figuren waren, sondern das Böse entzweit sich auf perfide Weise mit dem Bösen. Die Welt der Kabale kann das Gericht der Ewigkeit nicht ertragen, das in dieser Szene in einem solchen Wetterleuchten vorweggenommen wird, als ob es schon unmittelbar da wäre. [. . .] Immer wieder wird in diesem Drama der ›Richter der Welt‹ angerufen, und das darf und soll man nicht überhören. Schiller hatte mit *Louise Millerin* das Antagonistische im gesellschaftlichen Prozeß, der mit der Trennung von Macht und Religion mehr und mehr ins unaufhaltsam Tragische geriet, bis zum Äußersten zugespitzt. Der Isolierung einer amoralisch gewordenen Adelsgesellschaft stand die Isolierung einer ohnmächtig gewordenen bürgerlichen Religion gegenüber. Ja, auch der Versuch des Idealisten der Liebe, als ein Bürger des Universums über die Klassengegensätze hinauszugreifen und von sich aus, nur aufgrund der eigenen Person, eine neue, allein vom Menschlichen getragene Welt der Liebe zu erschaffen, mußte scheitern, weil sich aus den Ordnungen der Geschichte selbst dann nicht heraustreten läßt, wenn sie bereits in einem Prozeß der Auflösung begriffen sind. Ferdinands Tragik ist es, daß ihm, der an der absoluten Bindung festhalten will, am Ende jede Bindung unmöglich wird und er rettungslos in den Sog einer Katastrophe hineingerät. Noch einmal ruft der junge Schiller das Gericht der Transzendenz an, damit es den Seelenmord an Ferdinand und Louise bestrafe und die bis an die Wurzel erkrankte Gesellschaft vor das Forum der Ewigkeit stelle. Als ein solches Tribunal ist die Schlußszene gemeint. So weit läßt sich *Louise Millerin* noch durchaus aus dem Erbe des schwäbischen Geistesraumes und in diesem Falle besonders aus der Eschatologie Bengels verstehen. Gott selbst wird das Gericht über die ins unaufhaltsam Zerstörerische hineingeratene Zeitgeschichte anheim gestellt. Schiller möchte die Theologie der Eschatologie zur inneren Mitte seiner Zeitkritik machen; sie ist für ihn das notwendige Resultat des tragischen Prozesses selbst« (Benno von Wiese: Friedrich Schiller, Stuttgart 1959, S. 217f.).

W. Malsch

Von theologischen Denkmustern lässt sich auch Wilfried Malsch bei seiner Interpretation leiten. Er begreift Ferdinands euphorischen Liebesanspruch als religiöses Experiment (Malsch, S. 207), verabsolutiert diese Liebe zur Religion und setzt sie wie Ferdinand mit dem Paradies gleich, das in der Welt nicht bestehen kann, weil die Menschen, auch Ferdinand und Louise, des Gartens Eden verwiesen worden sind. Das Paradies auf Erden ist verloren, die irdische Tragödie der Liebe scheint als Ausdruck dieser »ewigen Wahrheit« auf (ebd.). Ähnlich wie Malsch entdeckt Binder das Erlebnis der ersten Liebe als den »ewigen Augenblick«, das »ewige Nu«, wie Ferdinand es beschreibt. Der Kern des dramatischen Konflikts besteht nun in der »Diskrepanz zwischen dem im Gefühl der Liebe gelebten unendlichen Sein und der im Denken über die Liebe erlittenen Endlichkeit des Daseins« (Binder, S. 257). Damit wird das bürgerliche Trauerspiel nicht in erster Linie zu einer »Tragödie des Standesunterschieds oder des Mißtrauens oder der unbegrenzten Liebe, sondern zu einer Tragödie des endlichen Menschen« (ebd., S. 267). W. Binder

Angeregt wohl durch Malsch, stellt Guthke in seiner Interpretation zunächst *Kabale und Liebe* ans Ende seiner literarischen Reihe des bürgerlichen Trauerspiels, dem seine Untersuchung galt (Stuttgart [2]1976). Er begreift Ferdinands und Louises Erfahrung der ersten Liebe als Paradieserlebnis, als religiöse Utopie, an der die zeitliche Wirklichkeit sich messen lassen muss, um so die Tragik des verlorenen Elysiums durchscheinen zu lassen. Letztlich zielt der immergleiche Riss zwischen Mensch und Gott, der hier die soziale Tragik transzendieren soll, wohl auf nichts anderes als auf die Struktur der hohen Tragödie, der der junge Schiller sich dieser Interpretation nach bereits im unbequemen bürgerlichen Gewand des bürgerlichen Trauerspiels erfolgreich näherte. *Kabale und Liebe* verweist demnach auf die späteren Tragödien des Klassikers Schiller. K. S. Guthke

Viele Deutungen konzentrieren sich auf Ferdinand und seine Schuld bzw. Tragödie. Walter Müller-Seidel hat sich hingegen schon sehr früh dem ›stummen Drama‹ der Louise Millerin zugewandt und den von Schiller ursprünglich vorgesehenen Titel insofern wieder in sein altes Recht gesetzt, dass mit ihm die eigentliche Hauptgestalt genannt sei. Louise gilt ihm nicht als das W. Müller-Seidel nur in bürgerlicher Moral und Religiosität befangene Mädchen, nicht als naiv und beschränkt im negativen Sinne:

»Das Mißverstehen der Liebenden in der Sprache ist zuletzt ein Mißverstehen ihres Wollens zum Handeln oder Nichthandeln. Das stumme Drama der Louise Millerin ist der Versuch, sich der handelnden Welt zu entziehen und das Unbedingte der Idee noch gegen die Bedingtheiten der Welt zu retten« (Müller-Seidel, S. 103).

Louises Tragik gründet also im Wesentlichen in einer existentiellen Sprachnot, die es ihr verwehrt, das Geheimnis ihres Herzens, sei es Ferdinand oder sei es dem Vater gegenüber, zu eröffnen. Um nicht schuldig zu werden, entscheidet sie sich für das Schweigen und gegen das Handeln, beschwört aber gerade dadurch die Katastrophe herauf und muss so im objektiv tragischen Sinn doch schuldig werden.

G. Kluge

Auch Kluge betrachtet Louise aus einer neuen Perspektive. Er sieht in ihr nicht die Empfindlerin, Schwärmerin und Träumerin, im Gegenteil, sie hat »zuweilen einen ganz realistischen Blick für die tatsächlichen Verhältnisse« (Kluge, S. 1411). Aber v. a. sei sie durch die Liebe völlig verwandelt. Liebe ist für sie »eine metaphysische, eine religiöse Erfahrung, die das ganze Sein des Menschen in seinen Beziehungen zum Mitmenschen, sein Dasein in der Welt, sein Verhältnis zum Vollkommenen betrifft und erfaßt. Ihr naives unreflektiertes protestantisches Gottesbild verschiebt sich durch die Liebeserfahrung bruchlos und unmerklich zu einem pantheistischen« (ebd., S. 1414). Auch wenn sie sich als Sünderin bezeichnet, weil ihre Andacht nicht mehr wie früher Gott gilt, der christliche Gott und der Gott der Liebenden sind für Louise keine Gegensätze:

»Wenn Gehorsam und Liebe zu ihrem Vater stärker zu sein scheinen als ihre Zuneigung zu Ferdinand, so bedeutet das ja keine Entscheidung gegen diesen. Louises Tragik liegt auch darin, daß Liebe nicht teilbar ist. [...] Sündigwerden aufgrund der Liebe – das gilt, freilich anders, als Louise es meint, für Miller und Ferdinand. Beide versündigen sich an Louise, indem sie ihre Liebe mit falschen Besitzansprüchen verbinden und Louise – modern gesprochen – verdinglichen. Miller macht sie zu seinem *Abgott*, Ferdinand macht sich erst zu ihrem *Gott* oder *Engel*, dann zu ihrem *Teufel*. In beiden Fällen ist die religiöse Dimension, der Frevel, offensichtlich, der Abfall von Gott bzw. vom Göttlichen, d. h. vom Geist der Liebe« (ebd.).

Auch Sørensen erachtet die Liebenden nicht nur als Opfer höfischer Manipulation. Die Tragik ist vielmehr ins Innere verlegt, wo sie sich fassungslos und verständnislos gegenüberstehen, »Werthaltungen vertretend und verteidigend, die für sie verbindlich sind und denen sie nicht entrinnen können, die sie aber auf getrennte Wege auseinanderführen müssen und so den tragischen Zustand heraufbeschwören« (Sörensen, S. 188). Dabei erscheint Louise auch Sörensen als die tragische Heldin und Hauptfigur des Stücks, weil sie in die Kollisionszone zweier an sich positiver Wertbereiche gerät, zwischen denen sie zermalmt wird (ebd., S. 189), ohne ihre moralische und menschliche Integrität zu verlieren. Sie hat als einzige Figur des Dramas an zwei Wertbereichen zugleich teil, indem sie nicht nur, wie zu erwarten war, am familialen Wertsystem des Vaters, sondern auch an Ferdinands erotisch-menschheitlichen Wertvorstellungen partizipiert und dadurch innerlich aufgerieben wird (ebd., S. 178). B. A. Sørensen

Kabale und Liebe ist demnach ein Stück, das über die Unmöglichkeit der Liebe in einer ständisch gegliederten Gesellschaft handelt. Aber es ist kein Tribunal, das hier über die Geschichte abgehalten wird. Sowohl der Schluss wie das gesamte Drama entbehren der Tendenz, sie wollen nur ›realistisch‹ konstatieren, was ist und aus welchen Widersprüchlichkeiten die Realität besteht (Leibfried, S. 168ff.), und damit weist das Drama darauf hin, daß es den ›dritten Ort‹ nicht gibt, den Ort der Erlösung in der Welt. Insofern ist das bürgerliche Trauerspiel das – wie Kluge meint – dunkelste, pessimistischste, hoffnungsloseste Drama des jungen Schiller, bevor er seinen *Don Karlos* schrieb (Kluge, S. 1424).

Bibliografie

Ausgaben

Kabale und Liebe ein bürgerliches Trauerspiel in fünf Aufzügen von Fridrich Schiller. Mannheim, in der Schwanischen Hofbuchhandlung, 1784.

Kabale und Liebe ein bürgerliches Trauerspiel in fünf Aufzügen von Fridrich Schiller. Frankfurt und Leipzig 1784.

Schillers Werke. Nationalausgabe. Bd. 5: Kabale und Liebe. Kleine Dramen, hg. v. Heinz Otto Burger und Walter Höllerer. Weimar 1957.

Schillers Kabale und Liebe. Das Mannheimer Soufflierbuch, hg. und interpretiert von Herbert Kraft. Mannheim 1963.

Schillers Kabale und Liebe. Kritische Ausgabe, hg. v. Herbert Kraft. Mannheim 1967.

Friedrich Schiller: Dramen I, hg. v. Gerhard Kluge, Frankfurt/M. 1988, S. 561–783 (Erstausgabe und Bühnenfassung) (= Friedrich Schiller: Werke und Briefe in zwölf Bänden, hg. v. Klaus Harro Hilzinger u. a., Bd. 2, Frankfurt/M. 1988, Bibliothek deutscher Klassiker, Bd. 29).

Interpretationen

Böckmann, Paul: Die innere Form in Schillers Jugenddramen. In: Dichtung und Volkstum 35 (1934), S. 439–480.

Müller, Joachim: Der Begriff des Herzens in Schillers *Kabale und Liebe*. In: Germanisch-Romanische Monatsschrift 22 (1934), S. 429–437.

Auerbach, Erich: Musikus Miller. In: Ders.: Mimesis, Bern 1946, S. 382–399.

May, Kurt: Friedrich Schiller. Idee und Wirklichkeit im Drama, Göttingen 1948.

Böckmann, Paul: Die pathetische Ausdrucksform in Schillers Jugenddramen. In: Ders.: Formgeschichte der deutschen Dichtung. Bd. 1, Hamburg 1949, S. 668–694.

Appelbaum-Graham, Ilse: Passions and Possessions in Schiller's *Kabale und Liebe*. In: German Life and Letters. N. S. 6 (1952/53), S. 12–20.

Martini, Fritz: Schillers *Kabale und Liebe*. Bemerkungen zur Interpretation des ›bürgerlichen Trauerspiels‹. In: Der Deutschunterricht 4 (1952), H. 5, S. 18–39.

Beck, Adolf: Die Krisis des Menschen im Drama des jungen Schiller. In: Euphorion 49 (1955), S. 163–202.

Müller, Joachim: Schillers *Kabale und Liebe* als Höhepunkt seines Jugendwerkes. In: Ders.: Wirklichkeit und Klassik, Berlin 1955, S. 116–148.

Müller-Seidel, Walter: Das stumme Drama der Luise Millerin. In: Goethe. Neue Folge des Jahrbuchs der Goethe-Gesellschaft 17 (1955), S. 91–103.

Riesel, Elise: Studien zu Sprache und Stil von Schillers *Kabale und Liebe*, Moskau 1957.
Burger, Heinz Otto: Einführung. In: Schillers Werke. Nationalausgabe. Bd. 5, a. a. O., S. 172–191 (Wiederabdruck in: Ders.: Die bürgerliche Sitte. Schillers *Kabale und Liebe*, In: Ders.: ›Dasein heißt eine Rolle spielen‹. Studien zur deutschen Literaturgeschichte, München 1963, S. 194–210).
Binder, Wolfgang: Friedrich Schiller, *Kabale und Liebe*. In: Das deutsche Drama vom Barock bis zur Gegenwart. Interpretationen, hg. v. Benno von Wiese. Bd. 1, Düsseldorf 1958, S. 248–268.
Heitner, R.: A Neglected Model for *Kabale und Liebe*. In: Journal of English and Germanic Philology 57 (1958), S.72–85.
Seidlin, Oskar: Schillers ›trügerische Zeichen‹: Die Funktion der Briefe in seinen frühen Dramen. In: Jahrbuch der deutschen Schillergesellschaft 4 (1960), S. 247–269.
Lohmann, Knut: Schiller *Kabale und Liebe*. In: Germanistik in Forschung und Lehre, hg. v. R. Henß und Hugo Moser, Berlin 1965, S. 124–129.
Malsch, Wilfried: Der betrogene Deus iratus in Schillers Drama *Luise Millerin*. In: Collegium Philosophicum. Studien. Joachim Ritter zum 60. Geburtstag, hg. v. Hermann Lübbe u. a., Basel 1965, S. 157–208.
Heitner, Robert R.: *Louise Millerin* and the Shock Motif in Schiller's Early Dramas. In: The Germanic Review 41 (1966), S. 27–44.
Kraft, Herbert: Die dichterische Form der *Luise Millerin*. In: Zeitschrift für deutsche Philologie 85 (1966), S. 7–21.
Wich, Joachim: Ferdinands Unfähigkeit zur Reue. Ein Beitrag zur Deutung von Schillers *Kabale und Liebe*. In: Literaturwissenschaftliches Jahrbuch. N. F. 15 (1974), S. 1–15.
Daly, Peter M./Lappe, Claus O.: Text- und Variantenkonkordanz zu Schillers *Kabale und Liebe*, Berlin 1976.
Guthke, Karl S.: Das deutsche bürgerliche Trauerspiel, Stuttgart [2]1976 (Sammlung Metzler, Bd. 116).
Janz, Rolf-Peter: Schillers *Kabale und Liebe* als bürgerliches Trauerspiel. In: Jahrbuch der deutschen Schillergesellschaft 20 (1976), S. 208–228.
Schillers *Kabale und Liebe* in der zeitgenössischen Rezeption., bearb. v. Hans Henning, Leipzig 1976.
Jöns, Dietrich: Das Problem der Macht in Schillers Dramen von den *Räubern* bis zum *Wallenstein*. In: Deutsche Literatur zur Zeit der Klassik, hg. v. Karl Otto Conrady, Stuttgart 1977, S. 76–92.
Hinderer, Walter: Freiheit und Gesellschaft beim jungen Schiller. In: Walter Hinck (Hg.): Sturm und Drang, Kronberg/Ts. 1978, S. 230–256.
Guthke, Karl S.: *Kabale und Liebe*. In: Schillers Dramen. Neue Interpretationen, hg. v. Walter Hinderer, Stuttgart 1979, S. 59–86.
Koopmann, Helmut: Schiller *Kabale und Liebe*: das Naturrecht des Einzelnen und das Ende der bürgerlichen Sozialordnung als Ende der Aufklärung. In: Ders.: Drama der Aufklärung. Kommentar zu einer Epoche, München 1979, S. 142–154.
Link, Jürgen: Von *Kabale und Liebe* zur *Love Story*. Zur Evolutions-

gesetzlichkeit eines bürgerlichen Geschichtentyps. In: Joachim Schulte-Sasse (Hg.): Literarischer Kitsch, Tübingen 1979, S. 121ff.
Huyssen, Andreas: Drama des Sturm und Drang. Kommentar zu einer Epoche. München 1980, S. 202–224.
Harrison, R. B.: The Fall and Redemption of Man in Schiller's *Kabale und Liebe*. In: German Life and Letters 35 (1981), S. 5–13.
Schafarschik, Walter (Hg.): Friedrich Schiller: *Kabale und Liebe*. Erläuterungen und Dokumente, Stuttgart 1980.
Gruenter, Rainer: Despotismus und Empfindsamkeit. Zu Schillers *Kabale und Liebe*. In: Jahrbuch des Freien Deutschen Hochstifts 1981, S. 207–227.
Duncan, Bruca: »An Worte läßt sich trefflich glauben.« Die Sprache der Louise Millerin. In: Friedrich Schiller. Kunst, Humanität, Politik in der späten Aufklärung, hg. v. Wolfgang Wittkowski, Tübingen 1982, S. 26–32.
Liewerscheidt, Dieter: Die Dramen des jungen Schiller. Einführende Untersuchung, München 1982, S. 63–84.
Herrmann, Hans Peter/Martina Herrmann: Friedrich Schiller: *Kabale und Liebe*, Frankfurt/M. 1983.
Herrmann, Hans Peter: Musikmeister Miller, die Emanzipation der Tochter und der dritte Ort der Liebenden. Schillers bürgerliches Trauerspiel im 18. Jahrhundert. In: Jahrbuch der deutschen Schillergesellschaft 28 (1984), S. 223–247.
Kaiser, Gerhard: Krise der Familie. Eine Perspektive auf Lessings *Emilia Galotti* und Schillers *Kabale und Liebe*. In: Recherches Germaniques 14 (1984), S. 7–22.
Leibfried, Erwin: *Louise Millerin* oder *Kabale und Liebe*. In: Ders.: Schiller. Notizen zum heutigen Verständnis seiner Dramen, Frankfurt/Bern/New York 1984, S. 148–176.
Michelsen, Peter: Ordnung und Eigensinn. Über Schillers *Kabale und Liebe*. In: Jahrbuch des Freien Deutschen Hochstifts 1984, S. 198–222.
Sørensen, Bengt Algot: Herrschaft und Zärtlichkeit. Der Patriarchalismus und das Drama im 18. Jahrhundert, München 1984, S. 176–189.
Fischer, Bernd: *Kabale und Liebe*. Skepsis und Melodrama in Schillers bürgerlichem Trauerspiel, Frankfurt/Bern/New York 1987.
Kluge, Gerhard: Deutungsaspekte zu Schillers *Kabale und Liebe*. In: Ders. (Hg.): Friedrich Schiller. Dramen I, a. a. O., S. 1408–1424.
Pape, Walter: »Ein merkwürdiges Beispiel productiver Kritik«. Schillers *Kabale und Liebe* und das zeitgenössische Publikum. In: Zeitschrift für deutsche Philologie 107 (1988), S. 190–211.
Piedmont, Ferdinand (Hg.): Schiller spielen. Stimmen zur Theaterkritik 1946–1985, Darmstadt 1990, S. 67–106.
Scheurer, Helmut: »Theater der Verstellung« – Lessings *Emilia Galotti* und Schillers *Kabale und Liebe*. In: Der Deutschunterricht 43 (1991), H. 6, S. 58–74.
Struck, Hans-Erich: Friedrich Schiller *Kabale und Liebe*, München 1994.

Wort- und Sacherläuterungen

Titel: Schiller selbst hatte ursprünglich den Titel *Louise Mille-* 7.1
rin erwogen, wohl in Analogie zur Titelbildung *Miß Sara Sampson* (1755) oder *Emilia Galotti* (1772) von Gotthold Ephraim Lessing (1729–1781). Auf den Rat des Mannheimer Schauspielers und Theaterdichters August Wilhelm Iffland hin benannte er sein Stück um. ›Kabale‹ leitet sich aus dem Neuhebr. ab: quabbala = Überlieferung, Geheimlehre. Im Franz. wird daraus ›cabale‹ im Sinne von: Ränke oder Intrige. In dieser negativen Bedeutung wird Kabale seit dem 17. Jh. auch in Deutschland gebraucht. Die Doppelung im Titel folgt einer damaligen Modeströmung: *Sturm und Drang* von Friedrich Maximilian Klinger (1776); *Gerechtigkeit und Großmuth* von Carl Martin Plümicke (1775); *Gerechtigkeit und Rache* von Wilhelm Heinrich Brömel (1783).

Untertitel: Es handelt sich möglicherweise um eine Übersetzung 7.2
des franz. *tragédie bourgeoise*, womit ein Scherz und Ernst vermischendes Stück aus der Gattung der *comédie larmoyante* bezeichnet war. In der Zeitschrift *Beyträge zur Historie und Aufnahme des Theaters*, hg. von Lessing und Christlob Mylius (1722–1754), trägt die dt. Übersetzung (*Der Kaufmann von London oder Begebenheiten Georg Barnwells*) des engl. Stücks von George Lillo: *The London Merchant or the History of George Barnwell* (1731), erstmals den Untertitel *Ein bürgerliches Trauerspiel*, womit gemeint ist, dass es sich um ein unter den Angehörigen des dritten Standes spielendes Drama handelt, also nunmehr die Ständeklausel, die nur dem ersten und zweiten Stand die Tragödie vorbehielt, außer Kraft gesetzt ist. Lessing untertitelte sein Drama *Miß Sara Sampson* ebenfalls mit *Ein bürgerliches Trauerspiel* (1755); im gleichen Jahr erschien Johann Gottlob Benjamin Pfeils (1732–1800) Abhandlung *Vom bürgerlichen Trauerspiele*.

Präsident von Walter: Von Walter ist Präsident des Minister- 10.2
kollegiums, d. h. Ministerpräsident. Kluge verweist in seinen Anmerkungen auf einen Vorfall in Württemberg im Jahr 1762: Samuel Friedrich Graf Montmartin (1712–1768) hatte einen

Nebenbuhler, den beim Herzog Karl Eugen in besonders hohem Ansehen stehenden Geheimen Kriegsrat Oberst Philipp Friedrich von Rieger (1722–1782), durch gefälschte Briefe gestürzt und ins Gefängnis gebracht. Rieger war verantwortlich gewesen für brutale Soldatenaushebungen im Zusammenhang des Siebenjährigen Krieges. Schiller verfasste auf Rieger das Gedicht *Todenfeyer am Grabe Philipp Friderich von Riegers* (s. Kluge, S. 1425). Graf Montmartin könnte also in einigen Zügen das Modell für den Präsidenten von Walter abgegeben haben.

10.5 **Hofmarschall von Kalb**: Als Hofmarschall bekleidet von Kalb das Amt des obersten Beamten für die Verwaltung des fürstlichen Haushalts und für das Hofzeremoniell. Von Kalb wie Wurm sind sprechende Namen, mit denen Schiller die dramatischen Gestalten karikiert. Pikanterweise sollte Schiller vor der zweiten Aufführung von *Kabale und Liebe* in Mannheim ein Ehepaar gleichen Namens kennenlernen: Charlotte und Heinrich von Kalb (1752–1806), die ihm Briefe von Frau von Wolzogen und Reinwald überbrachten. Daraufhin ließ er den Namen in der Aufführung unerwähnt.

10.6 **Favoritin**: Liebling, Günstling, aber auch Mätresse des Fürsten. Als derzeit begünstigte Geliebte des Fürsten war sie meist von der Hofgesellschaft anerkannt und konnte häufig einen nicht unerheblichen Einfluss auf die Politik ausüben. Mit der Gestalt der aus England stammenden Lady Milford knüpft Schiller an eine seit dem *Kaufmann von London* bekannte dramatische Figur an: Lillo schuf eine Lady Milwood, Lessing setzte diesen Figurentyp in *Miß Sara Sampson* durch Lady Marwood fort, und auch in der *Emilia Galotti* tritt ein vergleichbarer Frauentyp in Gestalt der Gräfin Orsina auf.

10.7 **Wurm**: Ebenfalls ein sprechender Name, der an ein kriecherisches, unterwürfiges Wesen denken lässt, aber auch Assoziationen mit der biblischen Schlange, der Verderberin und Verführerin der Menschheit, hervorruft (1.Mose 1,3).

10.8–9 **Stadtmusikant [...] Kunstpfeifer**: ›Stadtmusikant‹ und ›Kunstpfeifer‹ bezeichneten seit dem 16. Jh. einen in den städtischen Diensten stehenden Berufsmusiker, der das Privileg genoss, alle in der Stadt anfallenden Musikaufführungen gegen Bezahlung ausschließlich auszuführen. Sie beherrschten häufig mehrere Instrumente und waren in Zünften organisiert. H. P. Herrmann hat nachgewiesen, dass der Berufsstand des Stadtmusikus im 18. Jh. in eine Krise geriet, da sich der freie Wettbewerb auch in diesem Bereich allmählich durchzusetzen begann. »Miller vertritt im Stück nicht ›die‹ bürgerliche Position und schon gar nicht die Position Schillers, sondern eine historisch gewachsene, in Schillers Zeit aber zu Ende gehende ständische Position, der der Autor eine andere, liberale entgegensetzen wird« (Herrmann 1983, S. 26).

Kammerjungfer: Zimmer- bzw. Kammermädchen; persönliche 10.12
Bedienstete einer hochgestellten Dame bei Hofe.

Kammerdiener: Diener aus der unmittelbaren Umgebung des 10.13
Fürsten.

Junker: Ursprüngl. ein adliger Knabe, bevor er zum Ritter ge- 11.11
schlagen wurde; dann bis ins 18. Jh.: ›Sohn eines adligen Herren‹; allgemein: ›Edelmann‹.

bringts mit einem Wischer hinaus: Gemeint ist: Er bekommt 11.20
dafür nur einen Verweis.

Scholaren: Schüler; neben der Pflicht zur Gesellenhaltung und 11.24
Lehrlingsausbildung durfte der Stadtmusikus Instrumentalschülern Privatunterricht geben, wie Miller z. B. Ferdinand Musikstunden erteilt.

Kommerz: Handel, Verkehr; hier: die Beziehung zwischen 11.27
Ferdinand und Louise.

zu einer: Miller wagt das Wort ›Hure‹ nicht auszusprechen. 11.29

schon herumbeholfen hat: Gemeint ist: sein Liebesabenteuer 11.31
mit verschiedenen Frauen schon gehabt hat.

gelös't: Erlöst, erhalten; Kluge verweist auch auf die Bedeu- 11.32
tung: sich die Syphilis holen (S. 1429).

guten Schlucker: Verächtlich für: Vielfraß; gemeint ist Ferdi- 11.32–12.1
nand.

süß Wasser: Hier: ungetrübtes Wasser, d. h.: die unschuldige, 12.1
noch unbescholtene Louise.

aus jedem Astloch: Die Beobachtung des Liebespaars durch das 12.2–3
Astloch in der Holzwand.

vor jedem Blutstropfen: Gemeint ist: jeder Blutstropfen, der 12.3
durch Louises Adern fließt und in Leidenschaft geraten könnte.

hat's Handwerk verschmeckt: Gemeint ist: hat an der Sache 12.7
(Hurerei) Gefallen gefunden.

12.14–15 **par Terre**: Hier anzüglich für: unterhalb des Kopfs bzw. Unterleibs (im Sinne von: wenn nur der Körper wohlgeformt ist).

12.15–16 **Stöbert mein [. . .] dieses Kapitel aus**: Wohl gemeint: schläft er mit meiner Tochter.

12.17 **Rodney**: George Brydges Rodney (1718–1792), engl. Admiral, der während des amerik. Unabhängigkeitskrieges 1780 und 1782 Siege über die franz. Seemacht errang.

12.31 **silberne Mond**: Häufig verwandtes Versatzstück in der Liebeslyrik der Empfindsamkeit.

13.2–3 **Die rohe Kraftbrühen [. . .] zartem Makronenmagen**: »Miller meint, daß die einfache natürliche Sprache, wie er sie selbst spricht, Ferdinand zu vulgär und roh erscheine, um seine Gefühle darin auszudrücken, und daß dieser sich der Sprache der Literatur bediene« (Kluge, S. 1430). In dieser Gegenüberstellung ist zugleich mit »rohen Kraftbrühen« das natürliche, unverfälschte Wesen der bürgerlichen Louise gemeint und mit »Makronenmagen« der an raffinierte, nur für höhere Stände erschwingliche Genüsse gewöhnte Adlige Ferdinand.

13.4–5 **Bellatristen künstlich aufkochen lassen**: Hier wird Millers Angst vor der Belletristik deutlich. Er fürchtet, dass Ferdinand die natürliche Liebe Louises noch zu roh sei und er ihr darum Lesestoff bringe, um sie durch die Romanlektüre zur verfeinerten Geliebten zu machen. Die Angst vor der schöngeistigen (belles lettres) Literatur war im Mittelstand des 18. Jh.s weit verbreitet. Man unterstellte ihr, sie untergrabe Moral und Glauben.

13.7–8 **spanische Mucken**: Der Spanischen Fliege, einer südeurop. Käferart (Kantharide), wurde nachgesagt, sie könne – zerrieben und mit einem Getränk eingenommen – liebe- bzw. potenzsteigernde und -stimulierende Wirkungen entfalten. Kluge verweist auf die mit einer erotisierenden Flüssigkeit getränkten Schönheitspflaster, die auf die Wange geheftet wurden (S. 1431).

13.24–25 **Das Blutgeld meiner Tochter**: Mit »Blutgeld« ist im Allgemeinen das zur Sühnung einer Schuld zu zahlende Geld gemeint. Miller spielt mit diesem Ausdruck zugleich auf die befürchtete Entjungferung seiner Tochter an.

13.29 **Mist im Sonanzboden führen**: Gemeint ist: Mist im Resonanzboden des Cellos befördern.

13.31–32 **vermaledeiten Kaffee [. . .] Tobakschnupfen**: Der ›verfluchte‹

Kaffee und der Tabak waren im 18. Jh. hoch versteuerte Luxusgüter.

disguschtüren: Verballhornung von ›disgustieren‹: den Geschmack verderben, vor den Kopf stoßen. 14.3–4

weil Sie des Präsidenten Sohn sind: Millers Frau spricht vom abwesenden Major in der Untertänigkeit signalisierenden dritten Person, was ihre Devotheit und Beschränktheit verdeutlicht. 14.4

Frau Base: Hier nicht unbedingt eine Verwandtschaftsbeziehung bezeichnend, sondern im Schwäb. lediglich eine unter guten Bekannten übliche Anrede. 14.19

Wo eine Kavaliersgnade [...] gar keine Rechnung: Mit »Kavaliersgnade« spielt Wurm auf den Adligen Ferdinand an, der im Hause Millers ›einspricht‹, also dort verkehrt, während ihm als Bürger kaum Beachtung geschenkt wird. 14.19–21

Mamsell: Aus dem franz. ›Mademoiselle‹ gebildet, im Sinne von: Jungfer, unverheiratetes bürgerliches Mädchen; die Bezeichnung ›Fräulein‹ war nur adligen Damen vorbehalten. 14.30

Chapeau: Hut; in anderen Ausgaben wird diese Stelle abgeändert zu ›Jabot‹, eine Spitzenkrause am Brustverschluss des Herrenhemds. 15.23

Vetter: Auch hier nur Anrede unter guten Bekannten; keine verwandtschaftliche Beziehung anzeigend. 16.4

Haushälter: Jemand, der seinen Haushalt mit maßvollen Ansprüchen führen kann, also gut mit den zur Verfügung stehenden Mitteln haushalten kann. 16.12

Ich zwinge meine Tochter nicht: Im 18. Jh. war es durchaus üblich, dass der ›Hausvater‹ von seinem Recht, sein Kind zu verheiraten, Gebrauch machte. Miller will dies nur im eingeschränkten Sinne tun. Er lässt seiner Tochter bei der Partnerwahl weitgehende Freiheiten. 16.23

Konsenz: Nach württembergischem Landesrecht brauchte die Tochter die schriftliche Einwilligung beider Elternteile zur Heirat. 16.35

Wenn wir ihn [...] am feinsten gelobt: S. Lessings *Emilia Galotti*, I,4: »Oh, Sie wissen es ja wohl, Conti, daß man den Künstler dann erst recht lobt, wenn man über sein Werk sein Lob vergißt.« 19.17–18

Adelbrief: Urkunde, in der der Adelsstand oder die Erhebung in den Adelsstand bestätigt wird. 22.23

24.25 **die guten Aspekten**: In der Astrologie sind damit günstige Konstellationen der Gestirne gemeint, die die Zukunft positiv beeinflussen werden.

24.26–27 **Skortationsstrafe**: Geldstrafe für die Verführung einer Jungfrau (»Kranzgeld«); ursprünglich: Strafe für gewerbsmäßige Unzucht.

25.14 **Karolin**: Eine 1726 geprägte süddt. Goldmünze im Wert von zehn Gulden; auch eine pfälzische Goldmünze im Wert von drei Goldgulden, nach dem Kurfürsten Karl Philipp von der Pfalz benannt.

27.5–6 **falschen Handschriften**: Wurm hat offensichtlich durch falsche Schriftstücke oder durch Fälschungen von Schriftstücken dazu beigetragen, dass der Präsident seinen Vorgänger stürzen konnte. Der jetzige Präsident hat ihn dadurch in seiner Hand.

27.8 **Schröter am Faden**: Ein Hirschkäfer (Schröter) wurde von Kindern an einen Faden gebunden, um ihn dann zu ihrer Belustigung auf und ab laufen zu lassen.

27.14 **Kammerherrnschlüsseln**: Aufgesticktes Symbol für die Schlüsselgewalt des Kammerherrn, der als fürstlicher Hofbeamter in unmittelbarer Umgebung des Fürsten seinen Dienst versah.

27.15–16 **à la Hérisson**: Name einer Modefrisur mit gepudertem und beiderseits hochgekräuseltem Haar.

27.22 **Visitenbillets**: Karten oder Briefe, mit denen (Höflichkeits-) Besuche angekündigt oder gestattet wurden.

27.22–23 **das Arrangement der Partien**: Zusammenstellung der Personengruppen, wie sie in den einzelnen Schlitten sitzen sollen.

27.24 **Lever**: Morgenempfang des Fürsten bei seinem Aufstehen und seiner Morgentoilette.

28.22–23 **Merde d'Oye Biber**: Rock aus langhaarigem Wollstoff in der Modefarbe des ›Gänsedrecks‹, der dem Biberpelz ähnelt.

30.35–36 **wenn anders [. . .] als ihre Zeichen**: Gemeint ist: an Macht dem Herrscher gleichgestellt, wenn auch nicht mit den äußeren Zeichen, wie Titel, Kleidung etc., ausgestattet.

31.27 **Schandsäule**: Pranger, Schandpfahl zur öffentlichen Bestrafung, an den v. a. Frauen mit unmoralischem Lebenswandel dem Spott und der Beschimpfung durch die Gemeinde ausgesetzt wurden.

35.21 **l'Hombretische**: Tische, an denen ein spanisches Kartenspiel (L'Hombre) für drei Personen gespielt wurde.

36.20 **Talisman**: Glücksbringer; hier metaphorisch für: die alles ermöglichende Macht des absolutistischen Fürsten.

36.23 **Paradiese aus Wildnissen**: Vmtl. Anspielung auf Karl Eugen, der sein Lustschloss Solitude bei Stuttgart in einem 800 Morgen großen Waldgrundstück, das zuvor gerodet werden musste, hatte errichten lassen.

36.28–29 **Kann er sein darbendes [. . .] schönes Gefühl exequieren**: Gemeint ist: Kann er sein ärmliches Gehirn daraufhin durchforschen, ob sich darin ein einziges schönes Gefühl befinde?

39.7–8 **Landskinder nach Amerika fort**: Schätzungen zufolge haben während des nordamerik. Befreiungskriegs der Landgraf von Hessen-Kassel fast 17 000, der Herzog von Braunschweig 5 700, der Fürst von Hanau 2 400, der Markgraf von Ansbach 2 350, der Fürst von Waldeck 1 200 und der Fürst von Anhalt-Zerbst 1 100 Untertanen als Soldaten an England verkauft bzw. ›vermietet‹. Von diesen insgesamt etwa 30 000 Mann kehrten etwa 17 000 von den Schlachtfeldern Nordamerikas (1775–1783) und Kaplands wieder heim. Die ›Subsidien‹, die England an die dt. Fürsten bezahlte, ergaben zusammen eine Summe von ungefähr zwölf Millionen Taler. Herzog Karl Eugen war in diesem Falle nicht beteiligt, hatte aber im gerade zurückliegenden Siebenjährigen Krieg (1756–1763) ähnliche Subsidienverträge mit Frankreich ausgehandelt.

41.3 **Landschaft**: Ständeversammlung in Württemberg; hier: das Versammlungsgebäude oder die Kasse der Stände.

43.15 **Hermelin**: Weißer Pelz des Wiesels als kostbarer Besatz für den Herrschermantel; hier metaphorisch für: Macht.

44.4 **freiesten Volks**: England galt im 18. Jh. als das verfassungsmäßig am weitesten entwickelte Land (*Bill of Rights*, 1689). Parlamentarismus und Liberalismus beschränkten die Macht des Königs und verhinderten weitgehend absolutistische Tendenzen, wie sie sich in Kontinentaleuropa ausbreiteten.

45.6–7 **Thomas Norfolks**: Thomas Howard, 4. Herzog von Norfolk (1536–1572), wurde nach dem missglückten Versuch, die schottische Königin Maria Stuart (1542–1588) durch Heirat aus ihrer Haft zu befreien, und nach einer Verschwörung gegen Elisabeth I. (1533–1603) hingerichtet.

47.1–2 **Italiens Auswurf**: Anspielung auf die kostspieligen Unterhaltungen durch ital. Künstler an dt. absolutistischen Höfen.

47.15 **Galeeren**: Eine der schwersten Strafen war es, als Rudersklave auf einer Galeere arbeiten zu müssen.

49.11 **Mode**: Mit »Mode« ist hier das Zeitbedingte, das Kontingente im Gegensatz zum Unbedingten, zur zeitenthobenen, immer gültigen ›Menschheit‹ = Menschlichkeit gemeint.

51.8 **Rohr**: Span. Rohr, ein Spazierstock, gefertigt aus einer in Spanien vorkommenden Palmenart; Miller will seine Frau vielleicht mit dem Stock schlagen oder zum Minister gehen.

51.9 **Sodom**: Im AT erwähnte Stadt, die sich gegen Gott versündigt hat und deshalb von ihm gestraft wird (vgl. 1.Mose 19,24–28).

51.32–34 **makeln lassen [. . .] für deinen Kuppelpelz**: Miller wirft seiner Frau vor, die Beziehung zwischen Louise und Ferdinand u. a. aus ökonomischen Erwägungen heraus befördert zu haben (»makeln« = Geschäfte vermitteln; »fischen« = Gewinn machen; »Holz [. . .] zugetragen« = das Feuer [zwischen den Liebenden] noch weiter angefacht) und rät ihr, nun ihren »Kuppelpelz« (eigentlich: Geschenk für Ehevermittlung), also ihre eigne Haut, in Sicherheit zu bringen.

55.15 **anstreichen**: Ohnmächtige wurden durch Bestreichen mit erfrischenden Mitteln v. a. unterhalb der Nasenöffnung wieder zu sich gebracht.

55.18 **Diesem habe ich nie nachgefragt**: Louise will damit dem Präsidenten zu verstehen geben, dass es ihr nie um Ferdinands Rang und Würden ging, sondern nur um den Menschen selbst.

56.9 **jetzt sind Sie frei**: »Die Frage des Präsidenten ist ehrverletzend für Louise, so daß sie augenblicklich auf der Lösung ihrer Verbindung mit Ferdinand besteht« (Schafarschik, S. 33).

58.26 **Steinwürfen**: Es war durchaus üblich und erlaubt, die Verurteilten am Pranger mit Steinen zu bewerfen.

59.7–8 **wer nicht auch [. . .] Gerichte vermietet hat**: »Gemeint ist: ›wer sich nicht mit Leib und Leben seinem Amt verdungen hat‹« (Kluge, S. 1468). Ferdinand droht also den Gerichtsdienern, sie zu töten, falls sie sich an den Millers vergreifen sollten.

61.23 **persönlichem Adel**: Gemeint ist: der aus der Persönlichkeitsbildung entstehende menschliche Adel im Unterschied zum Geburts- oder Familienadel.

62.7–10 **Machen Sie ihn [. . .] bei ihm vor**: »›Wenn Sie ihn durch mehrere Angriffe gegen seine Leidenschaft (zu Louise) erkennen lassen, daß Sie kein liebevoller, nachgiebiger Vater sind, wird er sich an seine patriotische Pflicht erinnert fühlen und aufdecken, wie Sie an die Macht gekommen sind‹« (Kluge, S. 1470).

Siegelbewahrers: Gemeint ist: der Präsident von Walter, der als 64.8
Minister die Staats- und Fürstensiegel aufbewahrt und damit Urkunden besiegelt.

Nadelöhr: Anspielung auf Matthäus 19,24: »Es ist leichter, daß 64.12
ein Kamel durch ein Nadelöhr gehe, als daß ein Reicher ins Reich Gottes komme.« D. h.: das Unmögliche möglich machen.

peinlicher Anklage: Anklage wegen eines Verbrechens. Von 64.19
dem hochnotpeinlichen Gericht konnte die Todesstrafe verhängt werden.

körperlichen Eid: »Ein feierlicher Eid, den man ablegt, indem 64.34
die Hände die Bibel berühren, oder indem man gelobt, daß bei Eidbruch der Körper der Gerichtsbarkeit gehöre« (Kluge, S. 1472).

große Opera Dido: Niccolò Jommelli (1714–1774), der 1753– 66.17
1769 Hofkapellmeister in Stuttgart war, komponierte die Oper *Didone abbandonata* (Die verlassene Dido), deren Libretto von Pietro Metastasio (1698–1782) stammt. Die Oper wurde mehrfach am Hofe Karl Eugens aufgeführt.

eine ganze Stadt brennt zusammen: Am Ende der Oper zündet 66.17–18
die Königin von Karthago, Dido, ihren Palast an, nachdem Äneas sie verlassen hat.

Oberschenk: Mundschenk, ein Hofbeamter, der sich um die 67.25
Getränke bei Hofe zu sorgen hatte.

Englischen: Der *contre-dance* oder *country-dance*, ein sehr be- 67.35
liebter, aus dem engl. Volkstanz entwickelter Gesellschaftstanz des 18. Jh.s.

Kammerjunker: Der Kammerjunker steht in der Rangordnung 68.8
zwischen Kammerherrn und Kammerpagen.

auf dem Rade: Grausame Strafe, bei der der Verurteilte auf ein 73.9
Rad gebunden wurde und ihm die Glieder zerschlagen wurden.

Spinnhaus: Zuchthaus bzw. Arbeitshaus, in dem ›liederliche‹ 76.31
Frauen zum Spinnen gezwungen wurden.

Eulengesang: Nach dem Volksglauben prophezeit der Ruf der 77.10
Eule bzw. des Kauzes Unglück.

das Sakrament darauf nehmen: Louise soll das Abendmahl da- 82.25

rauf nehmen, dass sie sich an die Vereinbarungen hält und nicht nachträglich behauptet, sie habe den Brief unter Zwang geschrieben.

83.11–12 **Pharotisch**: Tisch, an dem man das Kartenspiel Pharo spielen kann. Das Spiel, das wegen der Betrugsmöglichkeiten besonders verrufen war, bezog seinen Namen daher, dass die Trumpfkarte ein Bild des Pharao trug.

86.1 **Über dem Schnupftuch**: Ferdinand fordert von Kalb zum Duell auf. Der Abstand zwischen den sich Duellierenden soll nicht weiter als das an den Enden gefasste Schnupftuch sein.

86.22–24 **In einem Augenblick [...] an der Nadel**: Das Bild von der Schmetterlingsraupe, die sich krümmt und windet, wenn sie auf die Nadel gespießt wird, dient hier als verächtlicher Vergleich für den Hofmarschall, der sich bei seinen devoten Bücklingen beugt und streckt.

86.34 **sechsten Schöpfungstag**: An diesem Tag schuf Gott den Menschen (vgl. 1.Mose 1,27).

86.35 **Tübinger Buchhändler**: Die Tübinger Buchdrucker Schramm und Frank galten als besonders berüchtigte Nachdrucker. Ihre unrechtmäßigen Nachdrucke wimmelten außerdem vor Fehlern.

87.14 **Träbern**: Die Rückstände bei der Wein- und Obstkelterei (Treber, Trester) oder beim Bierbrauen (Maische) wurden als Viehfutter verwandt.

87.18–19 **Blindschleichen und Tarandeln**: Die Blindschleiche hielt man noch im 18. Jh. für eine Giftschlange; Taranteln sind giftige Wolfsspinnen.

91.28 **Heiducken**: Ursprünglich im Ungar. ein bewaffneter Soldat, dann Diener in der Tracht dieser ungar. Heiducken, meist eingesetzt zur Begleitung der Kutsche oder Sänfte seines Herrn.

94.15 **Grazien**: Die drei Grazien sind in der röm. Mythologie die »anmutigen« segenspendenden Töchter des Jupiters und der Eurynome: Aglaia (Glanz), Euphrosyne (Frohsinn) und Thalia (Blüte).

101.19 **Vauxhall**: Gartenfest, wie sie von der Londoner vornehmen Gesellschaft in den Vauxhall Gardens abgehalten wurden; allgemein: Ballveranstaltung.

107.5 **Liebesgott**: Amor, der röm. Liebesgott; Louise stellt sich den

Tod also nicht christlich-orthodox als Sensenmann vor, sondern nach antiker Auffassung und Ikonographie als Genius, der die Seele des Verstorbenen in die Unterwelt geleitet (vgl. Lessing: *Wie die Alten den Tod gebildet*, 1769).

treuloses Gaukelbild: Schafarschik bezieht es auf die Liebe zu Ferdinand (S. 49). Kluge meint, es sei Ferdinand selbst, der im letzten Augenblick vor dem Selbstmord zurückweicht (S. 1493). 108.29

O die Vorsehung [...] wenn Sperlinge fallen: S. Matthäus 10,29: »Kauft man nicht zwei Sperlinge für einen Pfennig? Noch fällt von denen keiner auf die Erde ohne euren Vater.« 113.11–12

an diesem Apfel den Tod essen sollte: Anspielung auf 1.Mose 3: Mit der Vertreibung aus dem Paradies nach dem Sündenfall (Verzehr des Apfels vom Baum der Erkenntnis), wurde der Mensch sterblich. 115.25–26

Kidebarri: Cul de Paris; ein am Rückenteil des Kleides, in Taillengegend, befestigtes Kissen, um den Rock oder das Kleid modisch aufzubauschen. 120.12–13

Schlangenrat: »Anspielung auf die Versuchung Evas durch die Schlange (1.Mose 3)« (Kluge, S. 1501). 131.6

Ich wasche die Hände: S. Matthäus 27,24, wo sich Pilatus vor dem Volk die Hände wäscht und spricht: »Ich bin unschuldig an dem Blut dieses Gerechten.« 131.7